STUDIENKURS SOZIALWIRTSCHAFT

Lehrbuchreihe für Studierende der Sozialwirtschaft und des Sozialmanagements an Universitäten und Hochschulen.

Praxisnah und verständlich führen die didaktisch aufbereiteten Bände in die zentralen Felder der Sozialwirtschaft und des Sozialmanagements ein: sozialwirtschaftliche Organisationen und Unternehmensformen, Personalmanagement, Qualitätsmanagement, Wissensmanagement, Management des Wandels etc.

Herausgegeben von
Prof. Dr. Armin Wöhrle

Ludger Kolhoff

Projektmanagement

2., aktualisierte und erweiterte Auflage

Die Deutsche Nationalbibliothek verzeichnet diese Publikation in
der Deutschen Nationalbibliografie; detaillierte bibliografische
Daten sind im Internet über http://dnb.d-nb.de abrufbar.

ISBN 978-3-8487-5813-5 (Print)
ISBN 978-3-8452-9930-3 (ePDF)

2. Auflage 2020
© Nomos Verlagsgesellschaft, Baden-Baden 2020. Gedruckt in Deutschland. Alle Rechte,
auch die des Nachdrucks von Auszügen, der fotomechanischen Wiedergabe und der
Übersetzung, vorbehalten. Gedruckt auf alterungsbeständigem Papier.

Vorwort

Da die rechtlichen Steuerungsmechanismen der Sozialen Arbeit um Marktmechanismen ergänzt worden sind, haben Fragen des Projektmanagements eine zentrale Bedeutung für soziale Einrichtungen bekommen. Eher als Institutionen werden **zeitlich befristete Vorhaben (Projekte)** finanziert.

Diese finden sich in allen Bereichen Sozialer Arbeit, so im Bereich des

- SGB III, wenn z. B. befristete Arbeitsbeschäftigungs-, Qualifizierungs- oder Weiterbildungsmaßnahmen initiiert werden,
- SGB V, wenn Projekte der Gesundheitsprävention geplant werden,
- SGB VIII, wenn zeitlich befristete Unterstützungsmaßnahmen für Kinder- und Jugendliche initiiert werden,
- SGB XI, wenn neue Pflegeeinrichtungen aufgebaut werden,
- SGB XII, wenn z. B. Integrationsmaßnahmen für Sozialhilfeempfänger initiiert werden.

Ein weiteres wichtiges Feld ergibt sich im Zuge der

- Europäisierung des Sozialen, wenn im Rahmen von Strukturfonds, Gemeinschaftsinitiativen und Aktionsprogrammen der Union neue Maßnahmen kreiert und auf den Weg gebracht werden.

Weiterhin entstehen Projekte aus der täglichen Arbeit mit der Klientel.

Ob Sie nun als Berufspraktiker[1] vor der Frage stehen, wie Sie ein Projekt angehen, oder als Studierende Grundlagenwissen benötigen: In diesem Buch bekommen Sie Hinweise für die Durchführung von Projekten und notwendige Kenntnisse in Form von Hintergrundwissen, Checklisten und Anwendungsbeispielen aus dem sozialen Bereich.

---

1 In diesem Buch wird wegen des besseren Leseflusses in der Regel die männliche Form genutzt. Die weibliche Form ist selbstverständlich immer mit eingeschlossen.

Inhalt

Vorwort 5

Abkürzungsverzeichnis 9

1 Einführung 11
   1.1 Begriffsklärung Projekt und Projektmanagement 11
   1.2 Rahmenbedingungen des Projektmanagements in der Sozialwirtschaft 14
       1.2.1 Finanzierungsebene 14
       1.2.2 Organisationsebene 14
       1.2.3 Personalebene 18
           1.2.3.1 Projektteam 18
           1.2.3.2 Projektleitung 20
           1.2.3.3 Projektmitarbeiter 22
   1.3 Folgerungen: Phasen des Projektmanagements 22

2 Phase 1: Projekte vorbereiten 25
   2.1 Projekte initiieren 25
   2.2 Rahmenbedingungen analysieren 25
       2.2.1 Beteiligten-/ Stakeholderanalyse 26
       2.2.2 Situationsanalyse 31
           2.2.2.1 Ist-Aufnahme (Checklistentechnik) 32
           2.2.2.2 Ist-Analyse (Stärken-Schwächen-Analyse) 36
       2.2.3 Problemanalyse 38
           2.2.3.1 Problemstrukturierung im Team 39
           2.2.3.2 Problemanalysetechniken 42

3 Phase 2: Projekte planen 59
   3.1 Strategische Projektplanung 61
       3.1.1 Zielfindungsprozess im Projekt 61
           3.1.1.1 Reframingverfahren (Ziel-Mittel-Leitern aus der Problemanalyse erstellen) 62
           3.1.1.2 Partizipatives Verfahren 66
           3.1.1.3 Ziele bewerten 78
           3.1.1.4 Realisierbarkeit der Ziele prüfen (Machbarkeitsprüfung) 80
           3.1.1.5 Fördernde und hemmende Bedingungen für die Zielerreichung 81
       3.1.2 Entwicklung von Lösungsmöglichkeiten (Ideenfindungstechniken) 82
           3.1.2.1 Brainstorming 82
           3.1.2.2 Brainwriting 83
   3.2 Operative Projektplanung 85
       3.2.1 Projektstrukturplan 85
       3.2.2 Projektablaufplan 89
           3.2.2.1 Balkendiagramm 90
           3.2.2.2 Handlungsplan 91
           3.2.2.3 Netzplan 93
       3.2.3 Kapazitätsplanung 101
       3.2.4 Kostenplanung 102

Inhalt

4 Phase 3: Projekte umsetzen — 107
- 4.1 Kick-off-Veranstaltung — 107
- 4.2 Verantwortlichkeiten festlegen — 108
- 4.3 Monitoring — 110
- 4.4 Controlling — 112
  - 4.4.1 Quantitatives Controlling — 113
    - 4.4.1.1 Ist-Analyse und Soll-Ist-Abgleich — 113
    - 4.4.1.2 Meilensteine — 114
  - 4.4.2 Qualitatives Controlling — 115

5 Phase 4: Projekte evaluieren — 117
- 5.1 Benchmarking — 118
- 5.2 Selbst- und Fremdevaluation — 118
- 5.3 Indikatorengesteuerte Evaluation — 120
  - 5.3.1 Evaluationskriterien — 121
  - 5.3.2 Nachprüfbare Indikatoren — 122
  - 5.3.3 Quellen der Nachprüfbarkeit — 122

6 Fazit — 125

7 Literatur — 127

8 Antworten zu den im Text gestellten Fragen — 129

Stichwortverzeichnis — 135

Abkürzungsverzeichnis

Abs.	Absatz
BSHG	Bundessozialhilfegesetz
DIN	Deutsches Institut für Normung
i. d. R.	in der Regel
SGB III	Sozialgesetzbuch, Drittes Buch – deutsches Arbeitsförderungsrecht
SGB V	Sozialgesetzbuch, Fünftes Buch – Bestimmungen zur gesetzlichen Krankenversicherung
SGB VIII	Sozialgesetzbuch, Achtes Buch – bundesgesetzliche Regelungen zur Kinder- und Jugendhilfe
SGB XI	Sozialgesetzbuch, Elftes Buch – Soziale Pflegeversicherung

1 Einführung

In diesem Kapitel werden die Begriffe Projekt und Projektmanagement geklärt und die für das Projektmanagement im sozialen Bereich wesentlichen Rahmenbedingungen erläutert.

1.1 Begriffsklärung Projekt und Projektmanagement

Ein Projekt ist nach DIN 69901 ein „Vorhaben, das im Wesentlichen durch Einmaligkeit der Bedingungen in ihrer Gesamtheit gekennzeichnet ist, wie z. B.

- Zielvorgaben,
- zeitliche, finanzielle oder andere Begrenzungen,
- Abgrenzung gegenüber anderen Vorhaben,
- projektspezifische Organisationen".

Eines der frühesten bekannten Projekte, das alle DIN-Kriterien erfüllt, ist der Bau der „Arche Noah":

Projektdefinition nach DIN 69901	Einmaligkeit der Bedingungen in ihrer Gesamtheit	Zielvorgabe	zeitliche und personelle Begrenzung	Abgrenzung gegenüber anderen Vorhaben	Projektspezifische Organisation
Projekt Arche	Sintflut	Noahs Familie und je ein Tierpaar retten	Fertigstellung bis zur Sintflut, Bau durch Noah und seine Familie	Bau eines Schiffes weit weg vom Meer	Einzug aller Tierarten in die Arche

Tabelle 1: Projektdefinition nach DIN

Weiter gefasst werden unter Projekten Aufgabenfelder verstanden, die abseits von Routineabläufen (Normalorganisation) neue, komplexe Vorhaben umfassen, die i. d. R. einmalig, innovativ und komplex in ihrem Umfang sind. Zur Projektdurchführung finden sich verschiedene qualifizierte Fachleute zusammen, die ansonsten nicht immer zusammenarbeiten, d. h., es sind mehrere Stellen bzw. Abteilungen oder Bereiche beteiligt.

Projekt					
sachliche Abgrenzbarkeit durch klar definierte Zielsetzung	*Finanzielle Abgrenzbarkeit durch Projektbudget*	*zeitliche Abgrenzbarkeit durch festgelegte Projektdauer*	*Innovationsaufgabe durch neuartigen Problemcharakter*	*Querschnittsaufgabe durch fachübergreifende Zusammenarbeit*

Tabelle 2: Projektkriterien

1 Einführung

Projekte unterscheiden sich von den Regelaufgaben einer Organisation u. a. dadurch, dass sie komplexe innovative Aufgaben behandeln, an denen unterschiedliche Abteilungen und/oder Institutionen beteiligt sind.

Projektarten

Ein Projekt beginnt mit einem Auftrag und endet mit der Auftragserledigung. Wenn der Auftrag von innen kommt, spricht man von einem internen Projekt, wenn er von außen kommt, von einem externen Projekt. Beispiele für interne Projekte sind die Entwicklung und Erprobung neuer Angebote, etwa wenn bei einem Beschäftigungs- und Qualifizierungsträger eine befristete Maßnahme auf den Weg gebracht wird.
Auch im sozialen Bereich werden viele Projekte nach außen vergeben, z. B. die Einführung einer neuen Software in einer sozialen Einrichtung durch ein IT-Unternehmen oder die Organisation einer wettbewerblichen Vergleichsanalyse mithilfe eines Kennzahlensystems („Benchmarking", vgl. Kap. 5.1) durch ein Beratungsunternehmen.

Projekte können weiterhin nach funktionellen, räumlichen, inhaltlichen, formalen, strukturellen, finanziellen, personellen und zeitlichen Kriterien unterschieden werden.

- Funktionell: z. B. nach Abteilungen, Bereichen, Institutionen
- Räumlich: z. B. sozialräumlich, kommunal, regional, national oder international
- Inhaltlich: z. B. Entwicklungs-, Organisations-, Bau-, Planungs-, IT-Projekte
- Formal: z. B. Analyse, Planung, Umsetzung, Realisierung, Einführung/Implementierung oder Evaluation
- Strukturell: z. B. Organisations-, Qualitätsmanagement-Projekte
- Finanziell: je nach Projektbudget Klein- oder Großprojekt
- Personell: nach der eingesetzten Arbeitskapazität (Anzahl der Projektbeteiligten, Stundenkontingente)
- Zeitlich: nach der Terminierung der Projektphasen, Gesamtdauer des Projekts.

Viele Projekte sind wie eine Blackbox.

- Man weiß nicht genau, was am Schluss herauskommen wird,
- viele grundlegende Informationen fehlen,
- oftmals ist völlig unklar, was mit dem Projekt bezweckt werden soll.

Die Dinge sind komplex, und um Komplexität zu reduzieren und zu bewältigen, muss entschieden werden. Projektmanagement ist folglich wie jedes Managementhandeln Entscheidungshandeln, in diesem Fall, um Projekte (zeitlich, inhaltlich und finanziell begrenzte Vorhaben) durch gezielte Interventionen zu stabilisieren.

1 Einführung

Abb. 1: *Projektmanagement*

Das Wort „Management" hat seine Wurzeln im Italienischen der Renaissance. Maneggiare sagte man, wenn wilde Pferde – in der *Manege* – einzureiten und dabei zu zügeln waren. Im englischen Sprachraum bedeutet „to manage" etwas im Griff zu haben.

Manager sollen Situationen überschauen, sie lenken, leiten oder organisieren. „Das Pferd im Zaume zu halten und darauf zu achten, dass es nicht durchgeht" bedarf des permanenten Entscheidungshandelns. So ist auch Projektmanagement Entscheidungshandeln, um Problemlösungen zu entwickeln, die effektiv im Sinne einer Zielerreichung und effizient im Sinne eines adäquaten Einsatzes der verfügbaren Mittel sind. Ähnlich wie wenn man einen Ball auf einem Hügel halten will und ihm gezielte Kicks gibt, damit er nicht herunterrollt, ist es die Aufgabe des Projektmanagers, durch gezieltes Handeln immer wieder ein neues Gleichgewicht herzustellen.

Das Projektmanagement ist folglich nicht auf die Anwendung einzelner Planungs- und Führungstechniken reduzierbar, sondern zielt auf die Gesamtheit von Führungsaufgaben, -organisation, -techniken und -mitteln für die Abwicklung von Projekten.

> Ein einfaches Beispiel für ein Projektmanagement ist der Bau eines Einfamilienhauses. Hier kommt es auf die gute Zusammenarbeit verschiedener Gewerke an, wenn das Haus kostengünstig und zügig fertiggestellt werden soll. Wenn die Kooperation der Beteiligten nicht funktioniert oder keine vernünftige Koordination (Projektmanagement) vorhanden ist, kommt es zu Mehrkosten bspw. durch nachträgliche Mauerdurchbrüche oder andere notwendige Nacharbeitungen. Wenn Arbeiten an unterschiedlichen Stellen oder bei unterschiedlichen Organisationen durchgeführt werden, ist die Koordination der Teilaufgaben von entscheidender Bedeutung. Zielasek geht davon aus, dass ein gutes Projektmanagement zu einer verbesserten Zielorientierung und Kooperation führt, zur Förderung der persönlichen und fachlichen Qualifikation der Projektmitarbeiter, Steigerung der Kreativität und Innovationsfähigkeit, Reduzierung von Risiken bei der Projektarbeit, zur Verbesserung des Informationsflusses und Austausches sowie zur Erhöhung der Effizienz und Effektivität (Zielasek 1999, S. 11).

1.2 Rahmenbedingungen des Projektmanagements in der Sozialwirtschaft

Beim Projektmanagement sind folgende Rahmenbedingungen zu beachten:

- Finanzierungsebene
- Organisationsebene
- Personalebene

1.2.1 Finanzierungsebene

Soziale Dienstleistungen sind im klassischen Sinne nicht „marktfähig" und bedürfen daher öffentlicher Unterstützung. Deshalb hängt ihre Finanzierung sehr stark von bestehenden rechtlichen Rahmenbedingungen ab, die grundsätzlich der Veränderung unterworfen sind.

Der Umbau des Sozialstaates erfolgt u. a. durch eine Veränderung der Finanzierungsinstrumente. So werden Leistungen öffentlich ausgeschrieben. Der preiswerteste Anbieter bekommt den Zuschlag. Statt der institutionellen Förderung wird verstärkt das Instrumentarium der Projektförderung für zeitlich und inhaltlich begrenzte Vorhaben genutzt. Der Anfangs- und Endzeitpunkt eines Projekts sind eindeutig definiert und die zur Verfügung stehenden Mittel sind begrenzt und an das Projekt gebunden (Kolhoff 2017, S. 67f.).

Da sich soziale Dienstleistungen aus verschiedenen „Fördertöpfen" finanzieren müssen und das Finanzierungsangebot eher undurchsichtig erscheint, liegt ein Schwerpunkt des Projektmanagements im „Durchforsten" und Nutzbar-Machen dieser Angebote. Die Mittel, die zur Verfügung stehen, sind begrenzt. Gleichzeitig nehmen die Anforderungen an soziale Einrichtungen zu. Das stellt die Organisation und das Projektmanagement sozialer Einrichtungen vor neue Anforderungen.

1.2.2 Organisationsebene

Wenn Kompetenzen, Zuständigkeiten, Verantwortlichkeiten und Pflichten nicht eindeutig geregelt werden, sind Konflikte vorprogrammiert. Deshalb sollten Sie sich fragen:

- Wie können klar abgegrenzte Verantwortungsbereiche und Kompetenzen geschaffen werden?
- Wie wird die Zusammenarbeit koordiniert und wie können Aufgaben und Ressourcen verteilt werden?
- Wie werden Entscheidungsprozesse geregelt?

Je nach Aufgabenfeld bieten sich die Organisationsformen der reinen Projektorganisation, der Stabprojekt- oder Matrixorganisation an, um Verantwortungsbereiche und Kompetenzen zu regeln.

Bei der **reinen Projektorganisation** werden die am Projekt beteiligten Mitarbeiter zeitweilig von den üblichen Hauptaufgaben entbunden, aus ihren Abteilungen ausgegliedert und einem Projekt zu 100% zugeordnet.

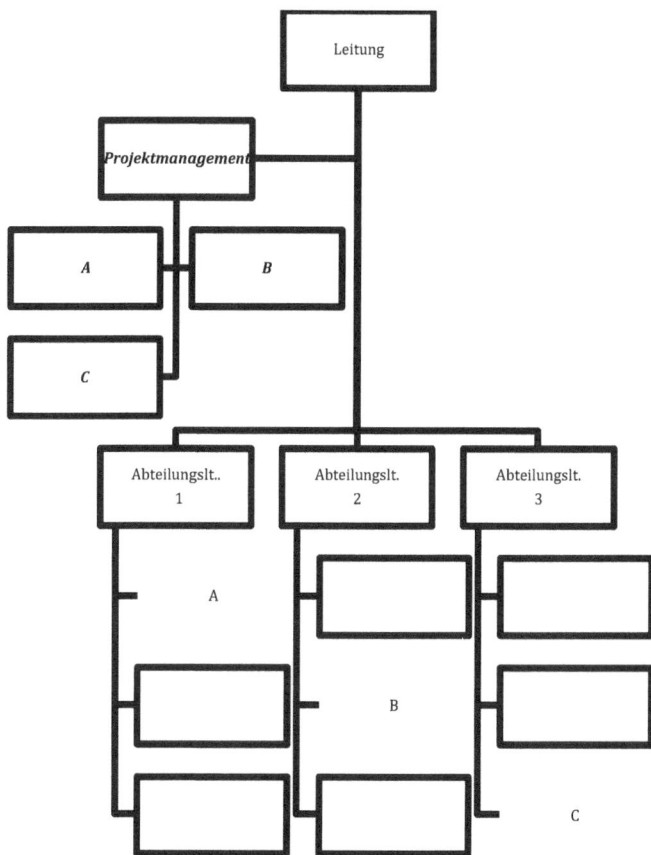

Abb. 2: Reine Projektorganisation

Da alle Projektbeteiligten sich uneingeschränkt auf das Projekt konzentrieren können und es klare Verantwortlichkeiten gibt, ist diese Organisationsform für komplexe Projekte geeignet, die über einen längeren Zeitraum gehen. Allerdings müssen entsprechende Ressourcen zur Verfügung stehen. Ein Nachteil besteht darin, dass die Projektmitarbeiter aus den Abteilungen in das Projekt ein- und nach Projektende auch wieder ausgegliedert werden müssen.

Bei der **Stabprojektorganisation** wird das Projektmanagement durch eine Stabsstelle übernommen. Die Linienorganisation des Unternehmens bleibt völlig erhalten, d. h. die Mitglieder des Projektes bleiben den jeweiligen Abteilungen zugeordnet. Das Projektmanagement übernimmt koordinierende Aufgaben, hat aber keine Entscheidungs- oder Weisungsbefugnis. Sie bereitet Entscheidungen der Linienvorgesetzten vor.

1 Einführung

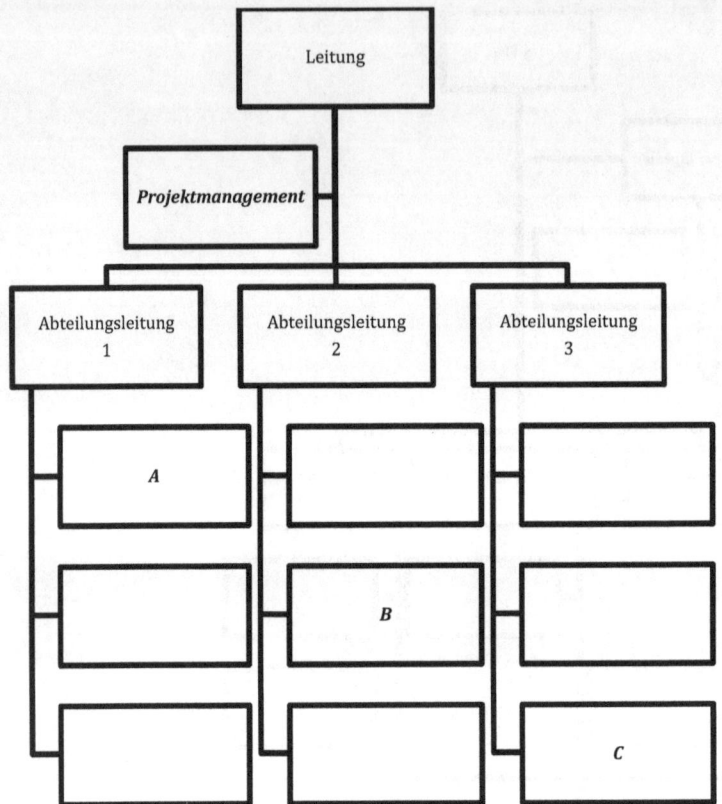

Abb. 3: Stab-Projektorganisation

Der Vorteil dieser Organisationsform besteht darin, dass die Unternehmensorganisation nur geringfügig umgestellt und die Mitarbeiter nach Projektschluss nicht wieder eingegliedert werden müssen. Der Nachteil liegt darin, dass sich ggf. außer der Stabsstelle niemand für das Projekt verantwortlich fühlt. Dies betrifft die Entscheidungsträger in der Linie, aber auch die einzelnen Projektmitarbeiter, die sich möglicherweise nicht mit dem Projekt identifizieren. Das Modell eignet sich für kleinere Projekte.

Eine weitere Organisationsstruktur, um Projekte in die Gesamtstruktur eines Unternehmens einzubinden, ist die **Matrixorganisation,** in der neben den Linienverantwortlichen auch die Projektleiter eine Weisungskompetenz besitzen.

In der Matrixorganisation wird das Modell der hierarchischen Linienorganisation beibehalten und projektbezogen durch eine zweite Ebene ergänzt.

1 Einführung

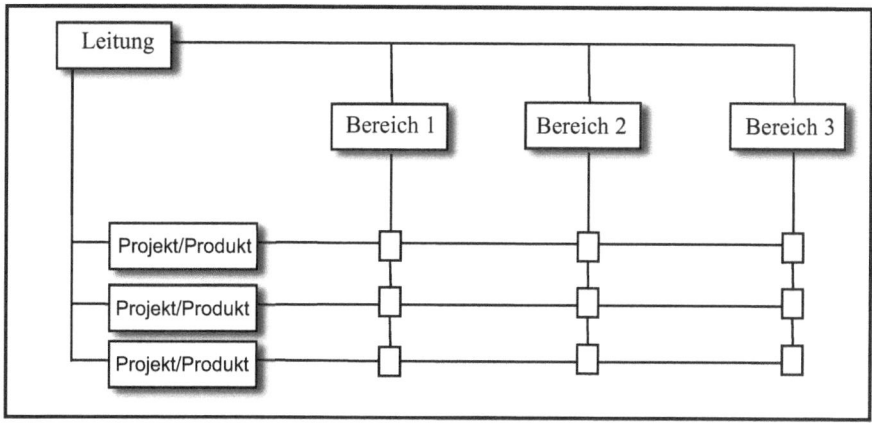

Abb. 4: Aufbau der Matrixorganisation

Die Projektmanager in der Matrixorganisation haben eine projektbezogene fachliche Weisungsbefugnis. Disziplinarisch sind die Mitarbeiter den Linienvorgesetzten unterstellt.

Die Matrixorganisation ist flexibler als die Linienorganisation, doch kann es aufgrund von Weisungskonflikten zu Kommunikations- und Entscheidungsproblemen kommen. Das Modell erfordert eine gewisse Übung und eignet sich daher für Organisationen, in denen häufig Projekte umgesetzt werden.

Neben der Matrixorganisation eignet sich auch die Projektteamorganisation für die Durchführung von Projekten:

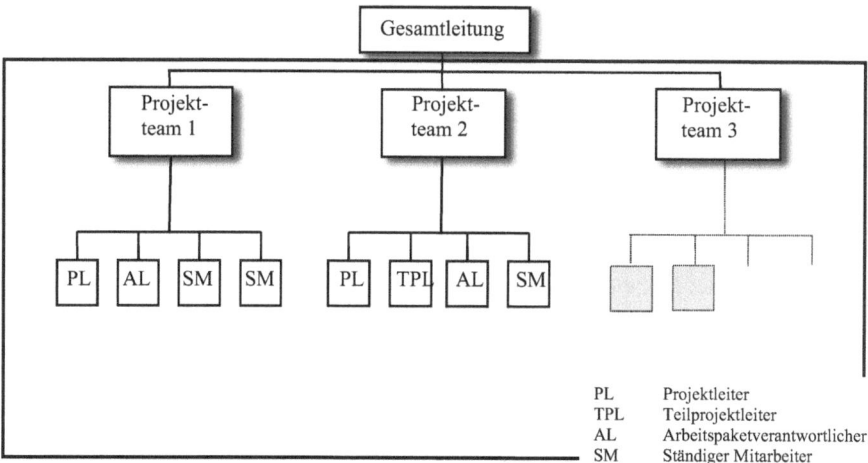

Abb. 5: Struktureller Aufbau einer Projektteamorganisation

1 Einführung

> **Merkmale der Projektteamorganisation:**
> - Sie arbeitet mehrschichtig statt linear-kausal.
> - Sie ist als vernetzte Heterarchie organisiert, d. h., ihre Grenzen sind unscharf und durchlässig für Informationen.
> - Sie stellt ein offenes System dar, welches mit Motivationskraft, Zielanimation, Zusammenarbeit und Prozessbegleitung geführt werden muss, nicht durch die üblichen Befehlsbefugnisse in einem geschlossenen System der Linienorganisation.

Hieraus ergeben sich neue Anforderungen für die Personalebene.

1.2.3 Personalebene

Da Projekte im sozialen Sektor der personenbezogenen Dienstleistungsproduktion dienen und die Leistungen in der Regel in dem Moment erbracht werden müssen, in dem sie auch in Anspruch genommen werden (Uno-acto-Prinzip), ist die Beachtung der Personalebene von entscheidender Bedeutung. So gilt es, ein besonderes Augenmerk auf die Zusammensetzung der Projektteams zu legen.

1.2.3.1 Projektteam

Zur Abwicklung von Projekten, also von komplexen, fachübergreifenden Aufgabenstellungen, die zeitlich befristet sind, werden Projektteams gebildet.

Ein Projektteam umfasst bspw.:

- Projektmanager
- Teilprojektmanager
- Maßnahmenpaketverantwortliche
- Ständige Mitarbeiter
- Zeitweilig Beteiligte (Steuerungsgremium, Projektbegleitung)
- Externe Unterstützung

Das Projektteam setzt sich aus den fest zugeordneten und teilweise abgeordneten Mitarbeitern zusammen. Wenn die Mitglieder des Teams vom Anfang bis zum Ende des Projekts gleichbleiben, spricht man von geschlossenen Projektteams. Wenn sich die Zusammensetzung des Teams im Laufe der Projektabwicklung ändert, spricht man von offenen Projektteams.

> Bei dem Berliner Stadtentwicklungsträger „Stattbau" sind Mitarbeiter aus den unterschiedlichsten Feldern, so Architekten, Stadtplaner, Pädagogen, Betriebswirte etc., tätig. Aus einem Pool von Mitarbeitern werden offene und geschlossene Projektteams gebildet. Beim Umbau einer Großkirche war z. B. der Projektleiter ein Architekt. Ihm standen auch Pädagogen als Projektmitarbeiter zur Seite, weil aufgrund eines knappen Projektbudgets ein Beschäftigungs- und Qualifizierungsprojekt initiiert wurde. Angeleitet von Berufspädagogen und Sozialpädagogen erbrachten benachteiligte Jugendliche und ABM-Kräfte Leistungen bei der Sanierung der Kirche, die für die Städtebauförderung als Eigenleistung veranschlagt wurden. Da mit ökologischen Baustoffen gearbeitet wurde, war ein Bauingenieur in das Projekt eingebunden, der zugleich Projektleiter eines anderen Bauprojekts war, einer Kita in Berlin-Friedrichshain. In allen Teams waren auch Betriebswirte vertreten, die die Finanzierungsebene im Auge hatten. Stattbau arbeitet in einem Großraumbüro, in dem „Glaskästen" für Besprechungen integriert sind. Da die Kommunikationswege vielfältig und komplex sind, sind abgeschlossene Dienst-

räume wie in einer Linienorganisation wenig angebracht. Dadurch, dass man sehen kann, wo sich die einzelnen Kollegen befinden, in einer Besprechung oder an ihrem Arbeitstisch, sind auch schnelle Ad-hoc-Gespräche möglich. Zu regelmäßigen Terminen stellten die Projekte ihre Konzeptionen vor. Daneben gibt es Teamsitzungen zur Überprüfung des Stands innerhalb der Projektphasen- und Ablaufpläne und zur Vorstellung neuer oder veränderter Konzeptionen.

Die Zusammensetzung eines Projekts sollte sich an den Stärken der Teammitglieder orientieren. Jedes Projektmitglied sollte die Aufgabe übernehmen, die es am besten meistern kann.

Name	Telefon/ E-Mail	Kompetenzen
1.		
2.		
3.		
4.		
5.		
6.		

Tabelle 3: Mitglieder des Projektteams

Wenn ein Projekt ausschließlich durch betriebsfremde Mitarbeiter geplant und realisiert wird (z. B. durch eine Unternehmensberatung), spricht man von externen Projektteams. Bei internen Projektteams sind dagegen ausschließlich eigene Mitarbeiter beteiligt. Gemischte Projektteams setzen sich aus externen und internen Mitgliedern zusammen. Gemischte Projektteams werden bspw. für Organisationsentwicklungsprozesse gebildet. Der Nachteil gemischter Teams besteht darin, dass betriebsinternes Know-how nach außen getragen werden kann. Andererseits fließt Know-how von außen in das Unternehmen. In der Regel überwiegen die dadurch bedingten Vorteile. (Zielasek 1999, S. 47ff.).

Projektname	Ansprechpartner	Schnittstelle

Tabelle 4: Schnittstelle zu anderen Projekten

Wenn man spezielle Erfahrungen und Erkenntnisse benötigt, empfiehlt sich das externe oder gemischte Projektmanagement. Wenn das Projekt in einen Prozess mündet, ist internes oder gemischtes Projektmanagement angebracht. Weiterhin ist die Personalkapazität zu berücksichtigen. Wenn die eigene Kapazität nicht ausgelastet ist, wird man zum internen Team neigen. Auch die Einsatzbereitschaft der Mitarbeiter ist zu berücksichtigen. Wenn die Mitarbeiter genügend Engagement mitbringen, sollte man das Projekt nicht nach außen geben.

Ein Projektteam sollte aus fünf bis zehn Mitgliedern bestehen, denn Projektmanager können nur eine begrenzte Zahl von Personen führen. Je kleiner die Gruppe ist, umso einfacher ist die Steuerung, umso effektiver können Teamsitzungen geplant und Abstimmungen durchgeführt werden, denn Kommunikations- und Informationsflüsse verlaufen in Kleingruppen meist reibungsloser. Je größer die Gruppe ist, desto mehr kreatives Potenzial hat sie und desto problemorientierter kann sie agieren. Doch dafür müssen viele Meinungen unter einen Hut gebracht werden. Das Konfliktpotenzial erhöht sich. In der Folge kann sich das Projekt verzögern. Deshalb sollten dann ggf. Teilprojekte gebildet werden.

Ein Projekt ist von den Teammitgliedern abhängig, die nicht nur sehr unterschiedliche fachliche Fähigkeiten mitbringen, sondern auch unterschiedlich teamfähig sind. Ob ein Team erfolgreich ist, hängt von der Zusammensetzung und der Größe des Teams, aber auch von den Teamstrukturen ab.

Die Strukturen sollten so sein, dass

- Verantwortung von Mitarbeitern persönlich übernommen wird.
- Verantwortung muss zugänglich sein. Projektmitarbeiter strengen sich freiwillig an, wenn ihr Wissen genutzt wird und sie die Chance erhalten, selbstverantwortlich zu arbeiten.
- Jede Person erhält den Projektplatz, an dem sie ihre Interessen und Fähigkeiten am besten einsetzen kann. So werden Über- und Unterforderungen vermieden. Es ist die Kunst des Projektmanagements, diese Verteilung optimal zu gestalten.
- Die Arbeitsatmosphäre sollte offen und gleichzeitig geschützt sein, d. h., Kritik sollte nur unter vier Augen, Lob und Anerkennung aber offen ausgesprochen werden.

1.2.3.2 Projektleitung

Ein besonderes Augenmerk liegt auf der Projektleitung, die auf drei Verantwortungsebenen agieren muss:

1. *Die politische Ebene:* Auftraggeber für Projekte im sozialen Bereich ist in der Regel die Politik, die entscheidet, welches Projektziel angesteuert wird.
2. *Die administrative Projektverantwortungsebene:* Hier geht es um die Frage, wer die Verantwortung für die Abwicklung des Projekts übernimmt, und um die Regeln, nach denen sie wahrgenommen wird. Führungsaufgaben ergeben sich „von der Organisation über Information, Planung, Koordination bis zur Überwachung und Steuerung des Projektablaufs". (Zielasek 1999, S. 34). Es ist wichtig, eine geeignete Persönlichkeit als Projektleiter zu gewinnen.
3. *Die operative Ebene*: Auf der operativen Ebene geht es um die Durchführung des eigentlichen Projekts. Hier kommen nicht nur die Projektleitung, sondern auch die Unternehmenseinheiten oder Partner, die mit Teilaufgaben am Projekt

beteiligt sind, zusammen. In der Regel ist die Projektleitung auf die Zusammenarbeit mit Stellen der Linienorganisation der jeweiligen Organisation und auf die Zusammenarbeit mit politischen Entscheidungsträgern angewiesen. Es ist wichtig, hier klare Regelungen einzuführen. Sinnvoll ist in diesem Kontext die Implementierung einer Steuerungsgruppe. In ihr sollten alle Projektbeteiligten/Stakeholder (vgl. Kap. 2) in geeigneter Weise vertreten sein, und sie sollten die Möglichkeit haben, Entscheidungen zu fällen. Es muss von Anfang an festgelegt sein, wie Entscheidungen gefällt werden. Die Steuerungsgruppe sollte anhand markanter Projektabschnitte (Meilensteine, vgl. Kap. 3 und 4) die Auftraggeber über den Stand des Projekts informieren. Die Steuerungsgruppe ist einzuberufen, wenn Schwierigkeiten auftreten, die vom Projektteam nicht gelöst werden können. Ansonsten ist sie an festgesetzten und geplanten Terminen zur routinemäßigen Berichterstattung (Meilensteinsitzung) einzuberufen. (Zielasek 1999, S. 34).

Die Projektleitung sollte eine kooperative Führungspolitik betreiben, wie sie z. B. in dem Management by objectives (MbO, Management durch Zielvereinbarungen) zum Tragen kommt. Ziele sollen nach Möglichkeit zusammen mit den Mitarbeitern erarbeitet werden.

Ein Projektmanager ist auf Kooperation im Team angewiesen. Ein guter Projektmanager sollte deshalb nicht nur kooperative Führungstechniken anwenden, sondern auch durch seine Persönlichkeit führen, statt Macht auszuüben. Kooperation zwischen Führungskraft und Mitarbeitern bedeutet für ihn keine Schwäche, sondern ist für den Projekterfolg dringend notwendig. Die Führungspersonen werden hierfür geschult, z. B. indem sie mit Führungs-, Gesprächsführungs- und Moderationstechniken vertraut gemacht werden. Doch reichen diese Techniken alleine nicht aus. Am wichtigsten ist die authentische positive Ausstrahlung des Projektmanagers, seine ganzheitlich entwickelte Persönlichkeit, die Führungstechniken nicht mechanistisch anwendet, sondern von Kooperation, Vertrauen, Empathie etc. wirklich überzeugt ist und dem Mitarbeiter selbstständiges Arbeiten ermöglicht, ohne den Gesamtüberblick zu verlieren. (Conen 2003, S. 252ff.). Wichtigstes Mittel der Personalführung ist das Gespräch. Empathisches kommunikatives Verhalten und konstruktive Gespräche stabilisieren Projekte.

Ein Projektmanager muss Termine, Kosten, Mitarbeiter, Kundenwünsche etc. im Auge behalten. Dabei ist erfolgreiches Projektmanagement nicht auf die Anwendung von Managementtechniken reduzierbar, sondern in weiten Teilen auch Personal- und Beziehungsmanagement. Doch ein Projektmanager kann nicht so agieren wie eine Führungskraft in einer Linienorganisation. Da die Menschen, die in einem Projekt mitarbeiten, dem Projektmanager nur selten direkt unterstellt sind, kann er nur selten Anweisungen erteilen. Dennoch muss er Arbeitsprozesse koordinieren, an denen viele Personen mit unterschiedlichen Denkmustern und Interessen beteiligt sind. Viele Projekte scheitern nicht aufgrund von inhaltlichen Schwierigkeiten, sondern weil es Probleme auf der Beziehungsebene gibt. Um das Projektteam zu führen, muss der Projektleiter motivieren, kommunizieren und Konflikte managen. Hierzu muss er sich mit dem Projekt voll identifizieren können. Deshalb sollten Sie sich niemals ein Projekt aufdrängen lassen, das eine Nummer zu groß oder nicht sinnvoll erscheint oder Ihnen aus anderen Gründen nicht zusagt.

1.2.3.3 Projektmitarbeiter

Mitarbeiter bilden die wichtigsten Faktoren für das Gelingen eines Projekts. Daher müssen die individuellen und sachlichen Interessen der Projektmitarbeiter berücksichtigt werden, wie z. B.

- existentielles Sicherheitsdenken der Mitarbeiter: Insbesondere dann, wenn das Projekt den Mitarbeitern eine Zukunftsperspektive bieten kann, sind sie motiviert, zum Gelingen des Projekts beizutragen. Es ist darauf zu achten, dass rechtzeitig Folgeprojekte akquiriert oder anderweitige Perspektiven eröffnet werden.
- Vorteilsdenken: Der individuelle Vorteil wird gemeinhin durch die Bezahlung realisiert (extrinsische Motivation). Da diese in sozialen Projekten relativ gering ist, liegt hier nicht der einzige Motivationshintergrund. Individuelle Vorteile können auch auf anderen Ebenen erfolgen: Anerkennung, Zuwendung, das Gefühl, gebraucht zu werden und wichtig zu sein oder etwas Sinnvolles zu tun, kann intrinsisch stark motivierend sein.
- Zugehörigkeitsdenken: Die Zugehörigkeit zu einer Gruppe kann besonders gut in sozialen Projekten realisiert werden und ist deshalb ein bedeutsamer Motivationshintergrund für Projektmitarbeiter.
- Statusdenken: Der individuelle Status innerhalb einer für den Projektmitarbeiter wichtigen „Szene" oder Gruppe kann durch die Projektzugehörigkeit bzw. Funktion steigen (Conen 2003, S. 269).

1.3 Folgerungen: Phasen des Projektmanagements

Unter Beachtung der genannten Rahmenbedingungen (Inhalte, Finanzierung, Organisation und Personal) besteht die grundlegende Aufgabe des Projektmanagements sozialer Dienstleistungen darin, entstehende Probleme zu erkennen und passende Lösungswege zu erschließen. Doch sind die Mitarbeiter in sozialen Einrichtungen und Diensten in der Regel nicht betriebswirtschaftlich ausgebildet. Es werden gleichwohl zunehmend Projektmanager benötigt, die wie in der Wirtschaft die Diagnose, Planung und Umsetzung eines Projekts und die Evaluation der einzelnen Projektschritte in Bezug auf Ziel-, Zeit-, Finanz- und Personalressourcen beherrschen müssen. Dieses Buch will hier einen Beitrag leisten und behandelt Projektmanagementtechniken in den vier Phasen eines Projektes.

Phase 1. Projekte vorbereiten

Zur Vorbereitungsphase gehören die Akquise (Idee, Inhalt und Finanzierung) und die Analyse der projektspezifischen Rahmenbedingungen (Beteiligtenanalyse, Situationsanalyse, Problemanalyse).

Phase 2. Projekte planen

In der Planungsphase werden die Ziele festgelegt und das Projekt wird inhaltlich gegliedert (Kapazitäten, Kosten, Termine, Meilensteine und Zwischentermine). Der Verlauf des Projektes wird zuerst grob, dann detailliert geplant.

Phase 3. Projekte umsetzen

Aufgabe des Projektmanagements ist es, das Projekt mit geeigneten Instrumenten unter Kontrolle zu halten, vor allem durch Monitoring und Controlling. Der Informationsaustausch und die Abstimmung zwischen allen Beteiligten sind wichtig (Monitoring). So sollten bspw. die Teammitglieder regelmäßig über den Stand der Dinge berichten. Damit der Projektmanager regelmäßig Bilanz über den Projektverlauf ziehen kann und bei unerwünschten Entwicklungen (zum Beispiel Budgetüberschreitungen) korrigierend eingreifen kann, sollten weiterhin regelmäßig Istdaten ermittelt und den Solldaten gegenübergestellt werden (Controlling).

Phase 4. Projekt evaluieren

Beim Projektabschluss geht es um die Abnahme durch den Auftraggeber. In diesem Zusammenhang wird das Projekt evaluiert.

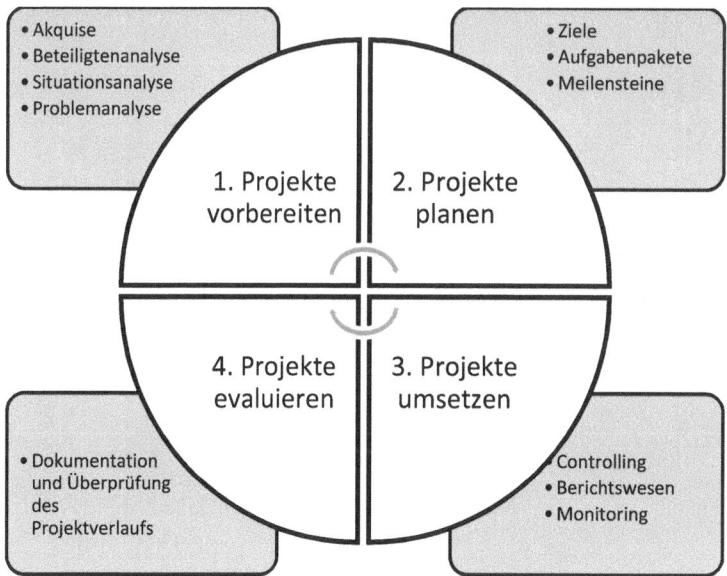

Abb. 6: Phasen des Projektmanagements

1 Einführung

Fragen zu Kapitel 1:
1. Was verstehen Sie unter einem Projekt?
2. Woraus setzt sich ein Projektteam zusammen?
3. Auf welchen Ebenen muss die Projektleitung agieren?
4. Welche Techniken sollte ein Projektmanager beherrschen?

2 Phase 1: Projekte vorbereiten

In diesem Kapitel wird gefragt, wie Projekte entstehen, und es werden die Techniken der Beteiligten-/ Stakeholder-, Situations- und Problemanalyse des Projektmanagements vorgestellt.

2.1 Projekte initiieren

Ein Projekt beginnt mit einem Auftrag und endet mit der Auftragserledigung. Wenn der Auftrag von innen kommt, spricht man von einem internen Projekt, wenn er von außen kommt, von einem externen Projekt. Ohne Auftrag gibt es kein Projekt, folglich gilt es, einen Projektauftrag zu akquirieren.

Es empfiehlt sich, eine Projektskizze zu erstellen: Hierzu sollten Sie:

- sich über Förderrichtlinien und Kriterien möglicher Auftraggeber informieren.
- das Problem beschreiben. Nach dem Marketingmotto „Der Wurm muss dem Fisch und nicht dem Angler schmecken" sollte dieses Problem ein Problem sein, das in den Zuständigkeits- oder Interessensbereich des zukünftigen Auftraggebers fällt. Denn nur dann werden Sie sein Interesse wecken können.
- eine Problemlösung skizzieren.
- Vorgehensweisen, Ressourcen und Kosten auflisten. Dabei sollten Sie sich an den Förderrichtlinien und -kriterien des möglichen Auftraggebers orientieren.

Mit dieser Projektskizze sollten Sie auf die potenziellen Fördergeber zugehen. Erst wenn es grünes Licht zur Grobkonzeption des Projektes gibt, empfiehlt es sich, einen Förderantrag zu stellen. Schon bei einem Projektförderantrag werden detaillierte Informationen gefordert. Also sollten Sie die für das Projekt relevanten Rahmenbedingungen gründlich analysieren.

2.2 Rahmenbedingungen analysieren

In diesem Unterkapitel werden die Projektmanagementtechniken der Beteiligten-/ Stakeholder-, Situations- und Problemanalyse vorgestellt.

- Beteiligten-/ Stakeholderanalyse: Wer ist von dem Projekt betroffen? Wer soll an der Planung beteiligt werden? Interessen und Erwartungen von Nutznießern, Finanziers, Durchführenden etc. werden analysiert.
- Situationsanalyse: Auf der Makroebene werden die sozioökonomischen Umweltbedingungen, auf der Mesoebene die Strukturen der durchführenden Organisation (u. a. Analyse der Personal- und Sachressourcen) und auf der Mikroebene das konkrete Handlungsfeld des Projekts (Klienten, durchführendes Personal etc.) diagnostiziert.
- Problemanalyse: Eine Situation mit einem Problemzustand wird in einer Problemfragestellung konkretisiert, die ein gezieltes Projekthandeln ermöglicht. Unterschieden werden kausale und systemische Ansätze.

2.2.1 Beteiligten-/ Stakeholderanalyse

Projektbeteiligte sind eine „Gesamtheit aller Projektteilnehmer, -betroffenen und -interessierten, deren Interessen durch den Verlauf oder das Ergebnis des Projekts direkt oder indirekt berührt sind." (DIN 69901-5).

In der Diskussion wird statt des Begriffs Projektbeteiligter oftmals der englische Begriff Stakeholder insbesondere auch in Abgrenzung zum Begriff Shareholder (Aktienbesitzer) benutzt. Während in der Wirtschaft verstärkt eine Orientierung an den Interessen der Aktienbesitzer, den Shareholdern, erfolgt, orientieren sich Projekte im sozialen Sektor an den „Betroffenen" oder Stakeholdern. Es sind die Personen oder Organisationen, die aktiv an einem Projekt beteiligt sind, durch den Verlauf oder das Ergebnis eines Projekts beeinflusst werden oder aber Einfluss auf den Projektablauf wahrnehmen, also den Verlauf oder das Ergebnis eines Projekts beeinflussen können. Auch Personen oder Organisationen, die Vorbehalte anmelden, sollten an der Entscheidungsfindung beteiligt werden.

> Beachten Sie: Durch Akklamation getroffene Entscheidungen können keine richtigen Entscheidungen sein, da man Sie in der Durchführungsphase mit ziemlicher Sicherheit im Stich lassen wird. Es gilt das Motto: „Damit hatten wir nichts zu tun, das ist doch an uns vorbei entschieden worden."
>
> Bitte trauen Sie dem Frieden des Konsenses nicht. Denn spätestens in der Realisierungsphase werden Probleme auftreten.
>
> Wenn Sie zu tragfähigen Entscheidungen kommen wollen, müssen Sie wissen,

- wer dafür,
- wer dagegen ist,
- wie die Leute die Dinge wirklich sehen,
- wo Oppositionsnester sind und warum.

> Folglich sollten Sie nicht den Konsens, sondern die Auseinandersetzung, also den Dissens, suchen.
>
> Ein Beispiel aus der Erwerbswirtschaft:
>
> Der General Motors-Chef Sloane konstatierte auf einer Sitzung allgemeine Zustimmung zu einer wichtigen Entscheidung. Er vergewisserte sich, dass in Bezug auf diese Frage offenbar alle einer Meinung waren. Als Antwort folgte allgemeines Kopfnicken. Daraufhin Sloane sinngemäß: „Wenn das so ist, dann schlage ich vor, dass wir die Sitzung hier unterbrechen und uns Zeit nehmen, zu unterschiedlichen Meinungen zu gelangen." (Malik 2019, S. 206).

Unterschieden wird zwischen internen und externen Projektbeteiligten/ Stakeholdern.

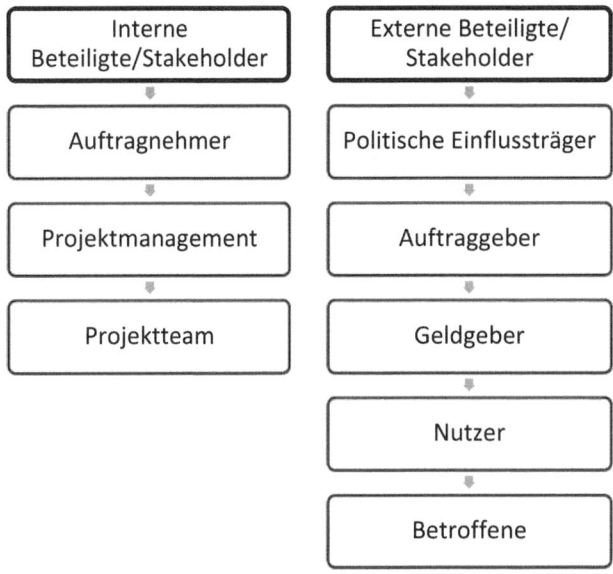

Abb. 7: Interne/ externe Projektbeteiligte/ Stakeholder

Ein Projekt, das an den Interessen und Erwartungen der Projektbeteiligten/ Stakeholder vorbeigeht, wird scheitern. Deshalb muss das Projektmanagement versuchen, die Interessen und Erwartungen der Beteiligten/ Stakeholder zu ermitteln. Hierzu wird eine Beteiligten-/ Stakeholderanalyse durchgeführt, die einen Überblick über alle Personen, Gruppen, Organisationen etc. gibt, die mit dem Projekt in Beziehung stehen, und ihre Interessen und Erwartungen diagnostiziert.

Eine Stakeholderanalyse erfolgt in drei Schritten:

1. Identifikation der Projektbeteiligten/ Stakeholder, d. h. Benennen von wichtigen Personen, Gruppen und Institutionen, die mit dem Projekt verbunden oder davon beeinflusst sind.
2. Kategorien der beteiligten Personen bilden (Nutznießer, Zielgruppen, Durchführende usw.) und diese charakterisieren und analysieren.
3. Konsequenzen der Projektarbeit erarbeiten (z. B. mögliche Reaktionen von internen oder externen Projektbeteiligten auf das Projekt zusammenstellen).

Diese drei Schritte werden in einem ersten Beispiel am Projekt „Aufbau einer Altenpflegeeinrichtung (durchgeführt im Rahmen eines Seminars an der Hochschule Braunschweig/Wolfenbüttel)" erläutert.

1. Identifikation der Projektbeteiligten/Stakeholder	
Sozialamt	Klärung des Pflegebedarfs
Stadtverwaltung	Suche nach einem geeigneten Grundstück
Investor, Banken	Finanzierung
Betreiber	Suche nach einem zukünftigen Betreiber
Architekt	Planung, Bauantrag, Überwachung
Örtliche Heimbetreiber	Evtl. Kooperation
Heimaufsicht	
Örtliches Krankenhaus	
Pflegekassen	
Ambulante Pflegedienste	
Niedergelassene Ärzte	
Sozialpsychiatrischer Arbeitskreis im Landkreis	
Sonstige soziale Betreuungs- und Beratungsdienste	
Selbsthilfegruppen	
2. Kategorien der beteiligten Personen bilden	
Durchführende:	Projektentwickler
Nutznießer:	Betreiber der Pflegeeinrichtung, Gemeinde
Zielgruppe:	Demenzkranke, Pflegebedürftige
Finanziers und Entscheidungsträger:	Banken, Investor, öffentl. Förderungen, Sozialamt, Pflegeversicherung
Kooperationspartner:	ortsansässiger Architekt
Gegner:	Konkurrenzprojekte, Betreiber von bestehenden Einrichtungen, Pflegedienste
3. Konsequenzen, Interessen, Erwartungen der Beteiligten/Stakeholder ermitteln	
Sozialamt	Deckung des Pflegebedarfs
Pflegebedürftige	Wohlfühlen in der Einrichtung
Gemeinde	Schaffung von Arbeitsplätzen
Investor, Banken	Rendite
Betreiber	Nutzung einer guten Pflegeeinrichtung
Architekt	Auftrag

Tabelle 5: Beteiligten-/ Stakeholderanalyse am Beispiel des Projekts: Aufbau einer Altenpflegeeinrichtung für Demenz- und Kurzzeitpflegebedürftige

Ein zweites Beispiel zeigt, wie die ersten zwei Schritte zusammengeführt und visualisiert werden können. Die Stakeholderanalyse für das Projekt „Konzeption einer interkulturellen Kindertageseinrichtung" wurde ebenfalls im Rahmen eines Studienprojekts durchgeführt. In einem „Rad der Partner" werden Personen und Institutionen sowie die Formen ihrer Beziehung zum Projektinitiator aufgelistet und das Beziehungsgeflecht visualisiert. Deutlich wird, zu welchen Personen ein positiver Kontakt (Unterstützer) und zu welchen Personen ein negativer Kontakt (Gegner) besteht. Weiterhin wird gezeigt, wo potenzielle Gegner oder Unterstützer sind.

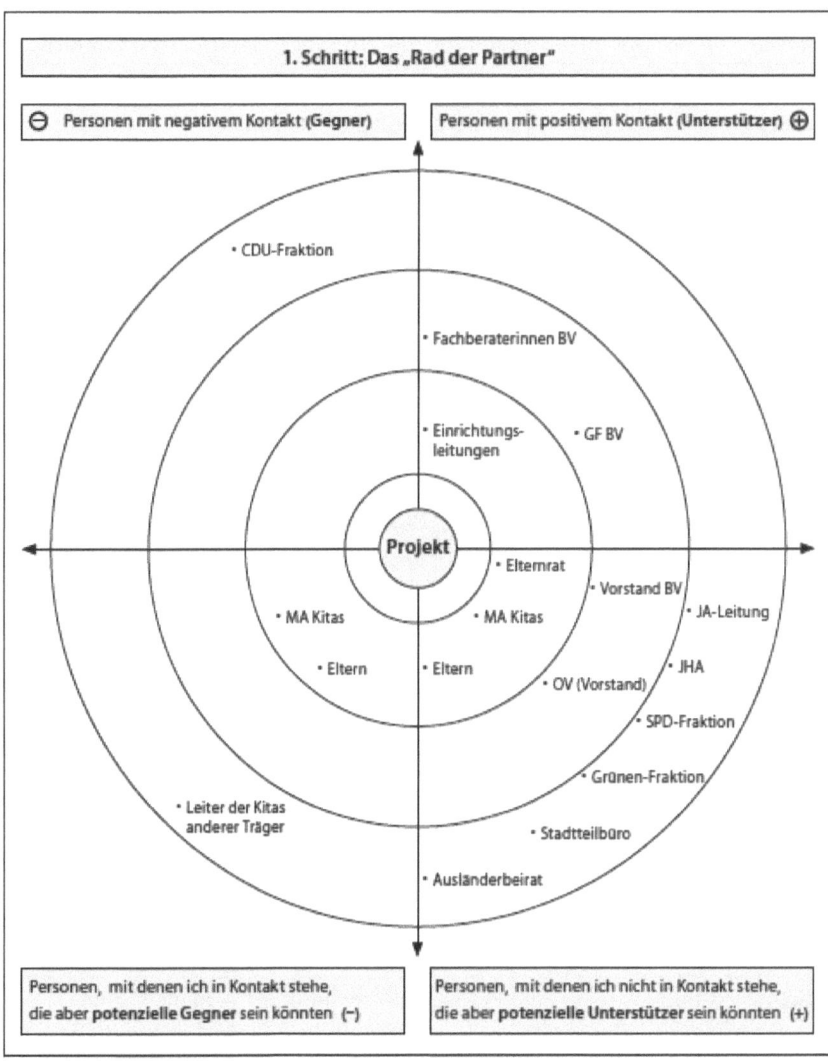

Abb. 8: Rad der Partner

2 Phase 1: Projekte vorbereiten

Die Beteiligten sind zur besseren Überschaubarkeit in vier Kategorien eingeteilt. Die unterschiedlichen Interessen, Erwartungen und Konsequenzen und die Art der gewünschten Beteiligung können in einer verfeinerten Darstellung benannt werden.

2. Schritt: Auflistung von Personen/Institutionen und die Art ihrer Beteiligung

Kategorie	Projektbeteiligter
Projektverantwortung	Projektleitung
Durchführung	Einrichtungsleitungen/ Mitarbeiter
Nutznießer	Stadt (Sozial- und Jugendamt), Grundschulen
Zielgruppe	Kinder und Eltern im Stadtteil
Finanziers	Landesjugendamt, Stadt, Bezirksverband, Spender
Entscheidungsträger	Geschäftsführer Bezirksverband, Jugendhilfeausschuss, Projektleitung
Kooperationspartner	Ortsverein, Stadtteilbüro, Ausländerbeirat
potenzielle Gegner	Träger anderer Kindertageseinrichtungen, CDU-Fraktion; konservative moslemische Vereine, einige Eltern und Mitarbeiter

Tabelle 6: Auflistung von Personen/ Institutionen und Beteiligungsart

3. Schritt: Kategorienbildung

Personen/Institutionen	Projektbeteiligung
Initiator	Projektleitung
„Kita"-Leitung	Projektteam zur Entwicklung und Implementierung der interkulturellen Arbeit
Geschäftsführer Bezirksverband (BV)	Bereitstellung finanzieller und personeller Ressourcen
Fachberater Bezirksverband (BV)	Beratung der Mitarbeiter und Einbringung von „Best Practice"-Beispielen
Elternrat	aktive Begleitung der Umgestaltung als Sprachrohr der Eltern
Mitarbeiter der „Kita"	Umsetzung und Erprobung des Konzepts in der konkreten Arbeit mit Kindern und Eltern
Jugendamtsleitung	Einbeziehung der Neuausrichtung der Einrichtungen in die Jugendhilfeplanung der Kinderbetreuung im Berliner Viertel

Personen/Institutionen	Projektbeteiligung
Jugendhilfeausschuss (JHA)	
Stadtteilbüro	
Grundschulen	
Ausländerbeirat	
Kitas anderer Träger vor Ort	
Erziehungsberatung	
sozialpädagogische Familienhilfe	

Tabelle 7: Kategorienbildung

4. Schritt: Interessen, Erwartungen, Konsequenzen der Projektbeteiligten

Projektbeteiligte	Interessen, Erwartungen, Konsequenzen
Kinder	Spaß und Freude beim Besuch der Einrichtungen
Eltern	Integration und Förderung der Erziehung, Bildung und Entwicklung ihrer Kinder
Jugendamt	Erfüllung der gesetzlichen Vorgaben; Verbesserung der Prävention zur Vermeidung späterer kostenintensiver erzieherischer Hilfen
Stadt	Verbesserung der Lebensqualität im Viertel
Bezirksverband (BV)	Sicherung der Einrichtungen bei wachsender Konkurrenz und abnehmenden Kinderzahlen; positive Öffentlichkeitsarbeit

Tabelle 8: Interessen, Erwartungen, Konsequenzen der Projektbeteiligten

Bitte klären Sie für Ihr Projekt
- Welche Personen und Gruppen sind wie von dem Projekt betroffen?
- Wer ist warum, wann und wie zu beteiligen?
- Wer hat Fachkompetenz oder kann wichtige Informationen einbringen?
- Wer ist evtl. Sponsor?
- Wen brauchen Sie, um das Projekt politisch abzusichern?

2.2.2 Situationsanalyse

Die **Situations-** oder **Ist-Analyse** hat die Hauptaufgabe, Randbedingungen und Einflussfaktoren des Projekts zu erfassen, um Mängel und Schwachstellen des Projekts zu erkennen, aber auch um Chancen und Potenziale zu erkennen.

2 Phase 1: Projekte vorbereiten

- Auf der Makroebene werden sozioökonomische Rahmenbedingungen analysiert,
- auf der Mesoebene Strukturen der durchführenden Organisation und
- auf der Mikroebene geht es um die beteiligten Akteure (Zielgruppen, Personal etc.).

Aus der Vielzahl möglicher Techniken werden im Folgenden die **Checklistentechnik zur Ist-Aufnahme** und die **Stärken-Schwächenanalyse zur Ist-Analyse** vorgestellt, weil beide Techniken im Bereich der Sozialen Arbeit ohne größeren Aufwand zu praktizieren sind.

> Ziel der Checklistentechnik zur Ist-Aufnahme ist es, die Rahmenbedingungen zu identifizieren, zu erfassen und zu strukturieren, um dann auf der Grundlage einer Stärken-Schwächenanalyse zu einer Bewertung zu gelangen.

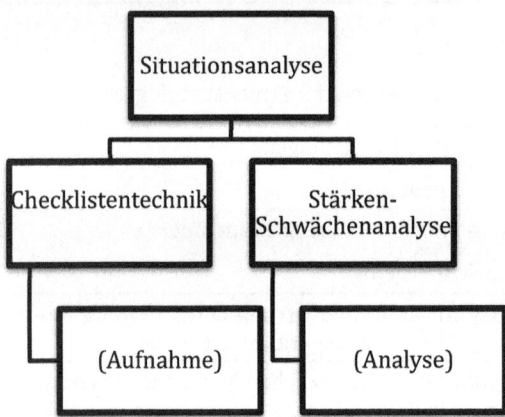

Abb. 9: Situationsanalyse

2.2.2.1 Ist-Aufnahme (Checklistentechnik)

Zum Erstellen von geeigneten Checklisten gibt es mehrere Möglichkeiten:

- Eigenes Erstellen durch einen erfahrenen Organisator
- Benutzen der in der Literatur dargestellten Checklisten
- Von verschiedenen Unternehmensberatungen werden detaillierte Listen angeboten, die aber oftmals teuer sind.

Ich werde im Folgenden anhand von drei Projektbeispielen unterschiedliche Checklisten zur Situationsanalyse vorstellen:

Die Checkliste zum ersten Beispiel „Aufbau einer Altenpflegeeinrichtung" (durchgeführt in der Region Südost-Niedersachsen im Rahmen eines Seminars an der Hochschule Braunschweig/Wolfenbüttel) orientiert sich an drei Ebenen, der Makro-, Meso- und Mikroebene. Diese Checkliste bietet Leitlinien, um auf der Makroebene den gesellschaftlichen Hintergrund, in den das Projekt eingebettet ist, auf der Mesoebene die strukturellen und organisatorischen Rahmenbedingungen der Organisation, die das Projekt durchführt, und auf der Mikroebene das konkrete Handlungsfeld des Projekts (Klienten, durchführendes Personal etc.) erfassen zu können. Durch die Checkliste verringert sich die Gefahr, dass bei der Vorbereitung eines Projekts ein wichtiges Themengebiet vernachlässigt wird.

1. Makroebene: Gesellschaftlicher Hintergrund, in dem das Projekt eingebettet ist.
■ Pflegegesetzgebung
■ Entwicklung der Sozialkassen
■ Pflegekonzepte der Länder und Gemeinden
■ Demographische Entwicklung
■ Zunahme von Demenzerkrankungen
■ Landtagswahl
■ Investitionsverhalten, wirtschaftliche Bedingungen
2. Mesoebene: Strukturelle und organisatorische Rahmenbedingungen der Organisation, die das Projekt durchführt.
■ Finanzierung: Eigenkapital, Fremdfinanzierung
■ Öffentliche Förderung
■ Vermietungs- oder Verpachtungsmodell oder Besitz und Betrieb durch eine (juristische) Person
■ Erfahrungen und Referenzprojekte des Projektentwicklers
■ Projektort
■ Arbeitsmarkt vor Ort
3. Mikroebene: Diese Ebene beleuchtet die konkrete inhaltliche Ebene.
■ Pflegeplätze für Bewohner mit Demenz mit dem Hauptaugenmerk auf eine geschlossene Unterbringung für Demente mit Unterbringungsbeschluss, da gerade für diese Gruppe schwerster Demenz keine ausreichenden Betreuungsangebote bestehen.
■ Kurzzeitpflegeplätze, die aufgrund der Krankenhausstrukturreform benötigt werden.

Tabelle 9: Checkliste zur Situationsanalyse für das Projektbeispiel „Aufbau einer Altenpflegeeinrichtung"

Das zweite Beispiel zeigt die Checkliste zur „Umweltanalyse für eine Kindertagesstätte". Bei diesem Beispiel orientiert sich die Checkliste auf der Makroebene an den Feldern Staat, Gesellschaft und Wirtschaft und auf der Meso- und Mikroebene an den Feldern Aufgabenumwelt und Infrastruktur, um eine geplante Existenzgründung vorzubereiten. Es besteht die Möglichkeit, für jedes Projekt unterschiedliche Ebenen festzulegen, und zwar je nach Bedarf der Planenden.

2 Phase 1: Projekte vorbereiten

Checkliste Staat und Gesellschaft:
Politische Faktoren
- Sozialgesetzgebung
- Entwicklung der Staatsfinanzen von Bund, Ländern, Kommunen
- Erziehungspolitische Konzepte der Parteien
- „Politik" der Verwaltung
- Infrastruktur, Wohlfahrtsverbände, Schulpolitik

Gesellschaftliche Faktoren
Wertewandel, gesellschaftliche Entwicklungen, Einstellung zu Erziehung und
- Familie, Erziehungskonzepte
- Freizeitverhalten
- Bevölkerungsentwicklung (Struktur, Wachstum, Ab- und Zuwanderung)

Wirtschaftliche Faktoren
- Wirtschaftswachstum, Lohn- und Gehaltsentwicklung
- Inflation
- Finanzkraft der privaten Haushalte
- Eigenanteil an den Kita-Gebühren

Checkliste Aufgabenumwelt:
Zielgruppe
- Kinder (Anzahl, Geschlecht, Altersstruktur, Nationalitäten, Behinderungen etc.)
- Familien (Sozialstruktur, Kinderzahl, Einkommensstruktur, Bildungsstand etc.)

Konkurrenz
- Wie werden die Konkurrenten auf die Betriebsgründung reagieren?
- Welche Konkurrenten werden in den nächsten Jahren auf dem Markt auftreten?
- Welche Konkurrenten werden in den nächsten Jahren nicht mehr am Markt sein?
- Welchen Service bietet die Konkurrenz?
- Was kostet Ihr Angebot bei der Konkurrenz?
- Welche Stärken und Schwächen haben die Konkurrenten?
- Auf welchen Gebieten sind Sie leistungsfähiger?
- Existieren gegenüber den Mitbewerbern Preisvorteile?
- Kann man die eigene Leistung individueller anbieten?
- Qualitätsstandards (Fachkräfte, Arbeitsbedingungen, Ausstattung)
- Finanzkraft
- Verbindungen

Arbeitsmarkt
- Fachpersonal (Stand, Entwicklung)
- Fachfremde Arbeitskräfte, ehrenamtliche Mitarbeiter

Finanzen ■ Eigenmittel (Spenden, Mitgliedsbeiträge, Bußgelder etc.) ■ Öffentliche Mittel (Zuwendungen, Darlehen) ■ Entgelte (Elternbeiträge, Sonstiges) ■ Fremdmittel (Sponsoring, Kredite) ■ Sachwerte
Checkliste Infrastruktur *Standort* ■ Kunden, Konkurrenz, Arbeitskräfte in der Nähe ■ Häuser und Wohnungsmarkt ■ Verkehrsanbindung ■ Mieten, kommunale Abgaben, behördliche Auflagen, gewerbebaurechtliche Bestimmungen etc.
Räume ■ Größe ■ Tauglichkeit ■ Unfall-, Immissionsschutz

Tabelle 10: Checkliste zur „Umweltanalyse für eine Kindertagesstätte" (Kolhoff 2020, S. 90).

Das dritte Beispiel, die Checkliste zur Umweltanalyse für das Projektbeispiel „Vater & Sohn – Wochenendaktion" (durchgeführt in der Region Südost-Niedersachsen im Rahmen eines Seminars an der Hochschule Braunschweig/Wolfenbüttel), orientiert sich lediglich an der Aufgabenumwelt, da es sich nicht um eine aufwändige Existenzgründung, sondern um eine kurzfristige Wochenendaktion oder um ein Event handelt. Staatliche und rechtliche Strukturen spielten dabei keine große Rolle. Man konnte mehrere Ebenen in einer Checkliste zusammenfassen, weil der Projektrahmen fest vorgegeben war. Man erkennt außerdem, wie unterschiedliche Aufgabenfelder auch zu unterschiedlichen Kriterien führen, die es zu erfassen und zu analysieren gilt.

Zielgruppe	■ Väter und Kinder (Anzahl, Geschlecht, Altersstruktur, Nationalität, Behinderungen etc.) ■ Familie (Sozialstruktur, Kinderzahl, Einkommensstruktur, Bildungsstand etc.)
Konkurrenz	konkurrenzlos, ansonsten: ■ Träger (öffentliche, freie) ■ Art der Einrichtung, Leistungsangebote ■ Qualitätsstandard (Fachkräfte, Arbeitsbedingungen, Ausstattung) ■ Finanzkraft ■ Verbindungen

Arbeitsmarkt/ Mitarbeiter/ Finanzen	■ Aktionsbündnismittel und Teilnehmerbeträge ■ Eigenmittel (Spenden, Mitgliedsbeiträge, Bußgelder etc.) ■ Öffentliche Mittel (Zuwendungen, Darlehen) ■ Entgelte (Elternbeiträge, Sonstiges) ■ Fremdmittel (Sponsoring, Kredite) ■ Sachwerte
Infrastruktur	■ Einrichtungen Geschäftsbereich Jugend und extern ■ Sozialraumorientiert, Fahrdienste, öffentlicher Nahverkehr etc.

Tabelle 11: Checkliste zur Umweltanalyse für das Projektbeispiel „Vater & Sohn-Wochenendaktion"

Anhand der drei Beispiele wird deutlich, dass Checklisten zur Situationsanalyse für das jeweilige Projekt zu entwickeln sind. Bestehende Listen können nicht eins zu eins auf andere Projekte übertragen werden.

Checklisten zur Situationsanalyse müssen für jedes Projekt individuell neu erstellt werden.

Nur wenn die Checkliste dem Projekt entspricht, ist sie auch als Leitfaden zur Situationsanalyse geeignet. Die benötigten Informationen werden dann durch Primärerhebungen (z. B. Befragungen) oder Sekundärerhebungen (z. B. Literaturanalysen) ermittelt.

2.2.2.2 Ist-Analyse (Stärken-Schwächen-Analyse)

Ausgehend von einer Ist-Aufnahme, z. B. durch den Einsatz der Checklistentechnik, werden durch die Stärken-Schwächenanalyse die Schwachstellen, die den Erfolg eines Projekts gefährden können, lokalisiert.

Folgender Ablauf bietet sich an:

1. Festlegen von Erfolgsmaßstäben
2. Bestimmen der Faktoren, die für das Erreichen der Erfolgsmaßstäbe entscheidend sind (werden aus der Ist-Analyse abgeleitet).
3. Festlegen eines wichtigen Konkurrenten, der als Maßstab für die Faktoren und deren Bewertung in der Ist-Analyse gilt.

Die eigentliche Bewertung erfolgt in Form eines Diagramms.

Im Beispiel Kindertagesstätte, im Vergleich zur schon bestehenden Kita xy als Konkurrent, wurden als Kriterien das pädagogische Konzept, die Leistungsqualität und die Ausstattung gewählt.

Faktoren	Schwächer (-)	Neutral	Besser (+)
Pädagogisches Konzept:			
⇨ Strategische Orientierung		■	
⇨ Praktische Umsetzung			■
⇨ Zusammenarbeit mit Eltern			■
Leistungsqualität			
⇨ Gruppengröße		■	
⇨ Betreuungszeiten		■	
⇨ Betreuungsform			■
⇨ Kostenbeiträge der Eltern	■		
Ausstattung			
⇨ Sachmittel		■	
⇨ Etat	■		

Tabelle 12: *Stärken-/ Schwächenanalyse einer geplanten Kindertagesstätte (vgl. Kapitel 2.2.2.1) im Vergleich zu einer schon bestehenden Kita xy als Konkurrent (Kolhoff 2020, S. 94).*

Kritische Anmerkungen

Die Festlegung von Erfolgsmaßstäben für soziale Einrichtungen, z. B. für die Arbeit einer Kindertagesstätte im ersten gewählten Beispiel, ist problematisch, weil unter Erfolg in der Regel ein **quantitativ messbares Leistungsergebnis** verstanden wird, was im Bereich der Sozialen Arbeit schwierig (wenn überhaupt) zu erreichen ist. Tatbestände wie Zufriedenheit der Kinder, Eltern oder Mitarbeiter, Erziehungsergebnisse, Ansehen der Arbeit/Einrichtung im sozialen Umfeld usw. sind **qualitative Erfolgskriterien** und quantitativ kaum messbar. Sie sind aber für die Soziale Arbeit von entscheidender Bedeutung.

Quantitative Kriterien, wie das Verhältnis von Aufnahmeanträgen zu den verfügbaren Tagesstättenplätzen (tatsächliche Nachfrage), öffentliche Förderung usw. sind von nachrangiger Bedeutung. Sie dürfen aber nicht vernachlässigt werden, weil durch sie oftmals der Nachweis der Mittelverwendung erfolgt.

Arbeitsauftrag

Was sind die wichtigsten Faktoren für eine Situationsanalyse, die für ein von Ihnen geplantes Projekt in einer Checkliste zum Tragen kommen?
- Politische Faktoren
- Gesellschaftliche Entwicklung
- Wirtschaftliche Faktoren
- Zielgruppe
- Arbeitsmarkt
- Finanzen
- Standort/Infrastruktur

Legen Sie Erfolgsmaßstäbe fest, die für ihr Vorhaben maßgebend sind.
Listen Sie die wichtigsten Konkurrenten auf.
Vergleichen Sie ihr Angebot in einer Matrix mit einem realen oder fiktiven Konkurrenten (schwächer oder besser) anhand der aufgelisteten Faktoren.
- z. B. Konzept
- Leistungsqualität
- Preis
- Ausstattung etc.

2.2.3 Problemanalyse

Probleme können als Diskrepanz zwischen einem befriedigenden Zustand in der Vergangenheit und einem unbefriedigendem in der Gegenwart (Veränderungsproblem) oder als Diskrepanz zwischen einem unbefriedigendem Zustand in der Gegenwart und einem unbekannten befriedigenden Zustand in der Zukunft (Planungsproblem) definiert werden.

Probleme, Veränderungen oder neue Anforderungen können der Ausgangspunkt eines Projekts sein und bieten Herausforderungen und neue Chancen. Werden Probleme allerdings nicht oder zu spät wahrgenommen, entstehen Krisen.

Mit den Techniken der Problemanalyse werden deshalb existierende Situationen, die einen Problemzustand bilden (s. Situationsanalyse), in konkrete Problemfragestellungen verwandelt, die ein gezieltes Projekthandeln ermöglichen. Doch zunächst ist es hilfreich, Probleme zu klassifizieren.

Problemklassifikationen:

- (Noch) nicht entdeckte, potenzielle Probleme:
  Diese Form von Problemen lassen sich auf den ersten Blick nur schwer wahrnehmen, weil Informationen und Anhaltspunkte zur Konkretisierung des Problems nur begrenzt vorhanden sind. Es bedarf der kreativen Leistung eines Menschen, um durch eine gezielte Fragestellung auf das Problem erst aufmerksam zu machen. Das Problem muss aus einem Gestrüpp von Daten, Vermutungen, Behauptungen und vagen Vorstellungen herauspräpariert werden.
  Leitfrage: „Wo ist das Problem?"

- Einzelfall- oder Grundsatzproblem?
  Ein Einzelfallproblem kann man pragmatisch und ad hoc eben auf diesen Einzelfall bezogen lösen. Das Problem wird ja nie wieder auftreten, wenn es sich wirklich nur um einen Einzelfall handelt. Grundsatzprobleme hingegen erfordern Grundsatzentscheidungen. Entscheidungen dieser Art sind mit großen Konsequenzen verbunden und müssen daher sehr sorgfältig getroffen werden (Malik 2019, S. 210f.).
  Leitfrage: „Worum geht es hier wirklich?"

- Schlecht strukturierte Probleme:
  Solche Probleme lassen sich nur schwer zielorientiert bestimmen, weil viele Einflussfaktoren die Problemsituation komplex und unübersichtlich machen und somit eine schnelle Lösung behindern. Daher muss das Problemfeld zunächst genau strukturiert werden, um danach erst nach einer Lösung zu suchen.
  Leitfrage: „Wie sieht das Problem aus?"

- Gut strukturierte Probleme
  Sie weisen einen hohen Grad an leicht zugänglichen Informationen auf. Somit ist die Lösung sofort zu erkennen.
  Leitthese: „Lösen wir das Problem?"

Um schlecht strukturierte in gut strukturierte Probleme zu verwandeln, bietet sich die Technik der Problemstrukturierung im Team an.

2.2.3.1 Problemstrukturierung im Team

Bei dieser Methode gibt der Problemsteller (Mitglied aus dem Team) seine vorläufige Problembeschreibung (anhand der Situationsanalyse) bekannt, und die Teammitglieder richten reihum sogenannte W-Fragen an den Problemsteller. Anhand dieser Fragen werden undurchsichtige Problemfelder strukturiert, weil der Problemsteller durch die Fragen in eine Situation gebracht wird, in der er schlüssig argumentieren muss. Ähnlich wie beim Kreuzverhör werden logische Brüche deutlich.

Grundfragen

Was?	■ Was ist gemeint, passiert, gewollt, eingetreten, geschehen? Was bietet sich an, wurde bereits getan, wurde geplant? ■ Was erschwert das Problem? ■ Was ist unklar, welche Informationen fehlen zur exakten Problembeschreibung?
Wie?	■ Wie äußert sich das Problem, die Erscheinung? ■ Wie stellt sich die Situation dar?
Wer?	■ Wer ist betroffen? Welche Person? Welches Objekt? ■ Welche Abteilung? Welches Projekt?
Wo?	■ Wo ist das Problem entstanden, eingetreten? Welcher Ort? ■ Welche Stelle?
Wann?	■ Wann ist die Erscheinung aufgetreten? ■ Zu welchem Zeitpunkt? Vom... bis...?
Welches?	■ Welches sind die Hauptelemente des Problems?
Welche?	■ Welche Folgen könnte das Problem haben? ■ Aus welchen Teilproblemen besteht das Gesamtproblem? ■ Mit welchen Bereichen steht das Problem in Wechselwirkung? ■ Welchen Umfang und welche Ausdehnung hat das Problem?
Weshalb?	■ Weshalb ist das Problem von Bedeutung?
Wodurch?	■ Wodurch entsteht das Problem?
Worauf?	■ Worauf kommt es besonders an?
Wie viele?	■ Wie viele Teilprobleme sind zu unterscheiden?
Warum?	■ Warum haben bisherige Lösungen versagt?
Womit?	■ Womit hat man das Problem schon zu lösen gesucht?

Tabelle 13: W-Fragen

Im folgenden Beispiel wird die Umstrukturierung des Finanzbereichs der Wohngruppe einer Jugendhilfeeinrichtung mithilfe des zirkulären Fragens von der Wohngruppe und der zugehörigen Verwaltung diskutiert. Das Gespräch wurde im Rahmen eines Seminars an der Hochschule Braunschweig-Wolfenbüttel von einer Studierenden durchgeführt und transkribiert.

1. Schritt: Fragen an die Jugendwohngruppe (JWG) und Vertreter der Verwaltung (V)

Was ist bisher geschehen?

JWG: Es gab so viele Gespräche, die zu nichts geführt haben.
V: Wir haben immer wieder versucht, die Abläufe zu erklären, teilweise wurde dies aber nicht angenommen.

Wie äußert sich das Problem?

JWG: Immer wieder stimmen die Konten nicht, wir bekommen deswegen Ärger.
V: Die Zusammenarbeit klappt einfach nicht und deswegen passieren immer wieder die gleichen Fehler.

Wer ist davon betroffen?

JWG: Wir, da wir immer nachhaken müssen, und die Jugendlichen, da die Konten oder Taschengelder nicht stimmen.
V: Wir haben dadurch mehr Arbeit.

Wo ist das Problem entstanden?

JWG: Das besteht schon so lang, wahrscheinlich auf beiden Seiten.
V: Keine Ahnung, aber es wechselten ja auch immer die Ansprechpartner, und keiner fühlte sich so richtig verantwortlich.

Wann ist das Problem aufgetreten?

JWG: Das ist schon immer da.
V: Seit Ewigkeiten.

Welche Folgen hat das Problem?

JWG: Nichts stimmt. Und die Stimmung ist auch komisch.
V: Ständig müssen wir nachfragen und die Rechnungen an das Jugendamt stimmen dann teilweise nicht.

Weshalb ist das Problem von Bedeutung?

JWG: Es macht einfach keinen Spaß. Der Finanzbereich ist lästig.
V: Die Rechnungen an die Jugendämter müssen ja stimmen. Es kann nicht angehen, dass die Konten der Gruppe im Minus sind. Außerdem sind unsere Etats zu sehr belastet, so dass es falsche Abrechnungen gibt.

Wodurch entsteht das Problem?

JWG: Wir haben nie eine richtige Einweisung bekommen.
V: Keine Ahnung, wir haben es so oft erklärt.

Warum haben die bisherigen Lösungen versagt?

JWG: Keine Ahnung. Vielleicht waren wir zu nachlässig, aber wir haben ja auch noch andere wichtige Aufgaben.

V: Mehr wie Anbieten können wir ja auch nicht. Und es fehlt der feste Ansprechpartner.

Womit wurde bisher versucht, das Problem zu lösen?

JWG: Gespräche, Nachfragen, Austausch.

V: Es gab so viele Versuche von Gesprächen.

2. Schritt: Problemstrukturierung

Jugendwohngruppe	Verwaltung
■ Minuskonten ■ gespannte, resignierte Atmosphäre ■ Desinteresse aufgrund von fehlendem Wissen über den bürokratischen Ablauf ■ Viele unergiebige Gespräche	■ Fehler in der Abrechnung, Ärger mit dem Jugendamt ■ höherer Arbeitsaufwand ■ Versuche der Einweisung, die nicht angenommen werden ■ viele Gespräche, aber es fehlt der feste Ansprechpartner

3. Schritt: Auswertung

Die Probleme werden insbesondere auf der Ebene der Kommunikation deutlich:

■ Die Jugendwohngruppe spricht in der Alltagssprache.
■ Die Verwaltung spricht in der Verwaltungssprache.

Aus diesen und aus anderen Gründen ist *„die Zusammenarbeit zwischen der Jugendwohngruppe und der Verwaltung gestört"*.

Zwar gibt es eine gewisse Bereitschaft, die vorhandenen Probleme zu beseitigen, doch ist eine einfache Lösung nicht in Sicht. Deshalb sollte das Problemfeld systemisch erfasst werden, wie im Unterkapitel 2.3.2.2 gezeigt wird.

2.2.3.2 Problemanalysetechniken

Zur Analyse von Problemen gibt es eine Reihe von Techniken, die in kausale und systemische Ansätze unterschieden werden können.

Bei den kausalen Ansätzen geht man davon aus, dass Ursache-Wirkungsketten zu erstellen sind und dass ein Problem dann gelöst werden kann, wenn die Ursache feststeht.

Die im Folgenden vorgestellten Techniken greifen zuerst den **kausalen Ansatz** auf, wie z. B. die **personenbezogene „Columbo-Methode"**. Hier werden, wie in einem Krimi, Ursachen gefunden und mit Indizienketten bewiesen. Eine andere kausale Technik ist die **Erstellung von Problemhierarchien**.

In systemischen Ansätzen geht man davon aus, dass es keine Ursache-Wirkungsketten gibt, sondern dass Probleme von Interaktionen zwischen verschiedenen Elementen abhängig sind. Folglich werden auch keine Ursachen gesucht und gefunden, sondern **Kräfte- oder Wirkungsfelder** und **Interaktionsbeziehungen** analysiert, um ein Problem zu verorten.

Kausale Problemanalysetechniken

Hintergrund des folgenden Ansatzes, den ich auch als „Columbo-Methode" (s. o.) bezeichne, ist ein positivistisches, linear-kausales bzw. logisches Denken.

Die Analyse erfolgt in sieben Schritten:

1. **Problembezeichnung:**

    Wichtig ist eine eindeutige Beschreibung des eingetretenen, angetroffenen bzw. empfundenen Problems (Abweichung des Ist vom Soll).

2. **Gegensätze zwischen dem Ist und dem Ist-Nicht erkennen:**

    Systematische, umfassende und exakte Beschreibung der Abweichung (nach Objekt, Defekt, Zeit und Ausmaß) herausarbeiten; Beschreibung und scharfe Trennung von Abweichung und Nicht-Abweichung.

3. **Herausstellen von Besonderheiten:**

    Durch welche Besonderheiten unterscheiden sich Abweichung und Nicht-Abweichung (ein Umstand, mehrere Umstände, welche?). Auch kleine Details müssen berücksichtigt werden.

4. **Veränderungen der Besonderheiten aufzeigen:**

    Was ist neu oder anders? Was gehört **nicht** zum Problem? „Die Ursache entsteht durch entscheidende, erkannte Veränderungen, ermittelt durch die Analyse der Besonderheiten".

5. **Hypothesen über das vermutete Problem aufstellen:**

    „Welches sind die möglichen Ursachen? Jede Hypothese nach Lücken, Ausnahmen, Teilwahrheiten etc. [zu] untersuchen". Mögliche Ursachen werden von bedeutenden Veränderungen abgeleitet.

6. **Wahrscheinlichste Ursache ermitteln:**

    Ursachen müssen logisch, einfach und vollständig die Frage beantworten: Warum betrifft die Ursache das **Ist** (Problem) und nicht das **Ist-Nicht**? Die Ursache muss nachgeprüft werden. Erklärt sie alle auftretenden Tatbestände? Kann sie verworfen werden?

7. **Tatsächliche Ursache ermitteln und beweisen:**

    Sie muss sich mit allen Ist- und Ist-Nicht-Tatbeständen decken und ihnen voll entsprechen (Kramer 1987, S. 36f.).

Musterformular

Problemanalyse Tag: Zeichen:	1. Problemdefinition	
2. Gegensätze ermitteln	Ist	Ausschluss bzw. Ist-Nicht

Was?
  Objekt?
  Defekt?		

Wo?
  Aufgetreten?
  Beobachtet?		

Wann?		

Wie groß?
  Anzahl?
  Umfang?
  Tendenz?		

3. Spezielle Besonderheiten		
4. Veränderung der Besonderheiten		
5. Mögliche Ursachen		
6. Wahrscheinlichste Ursache		
7. Tatsächliche Ursache und Beweis		

Tabelle 14: Musterformular zur kausalen Problemanalyse (Kramer 1987, S. 34).

Problembeispiel: „Die Belegung unserer Jugendhilfeeinrichtung ist von 93% im Jahr 2008 auf 75% im Jahr 2013 zurückgegangen."

Problemanalyse Tag: Zeichen:	1. Problemdefinition *Die Belegung der Einrichtung ist von 93% 2008 auf 75% 2013 zurückgegangen.*	
2. Gegensätze ermitteln	Ist *Belegung 2013, 75%*	Ausschluss bzw. Ist-Nicht *Belegung 2008, 93%*

Was?	Objekt? *Belegung der Einrichtung*	
	Defekt? *Rückgang von 93% auf 75%*	
Wo?		
Aufgetreten?	*Einrichtung XY in Braunschweig*	*Einrichtung XY in Braunschweig*
Beobachtet?	*2013*	*2008*
Wann?	*2013*	*2008*
Wie groß?		
Anzahl?	*98 Plätze*	*120 Plätze*
Umfang?	*75% Belegung*	*93% Belegung*
Tendenz?	*sinkende Belegungszahl*	
3. Spezielle Besonderheiten	**Personen:** *Leiterwechsel 2010* *Veränderung der Anleiterschlüssel* **Handlungsabläufe:** *Veränderung der Dienstplangestaltung* **Sachen/Mittel:** *– neue Möblierung*	
4. Veränderung der Besonderheiten		2008 / 2013

Personen:

	2008	2013
Mitarbeiterschlüssel	4 M/Gruppe	4,5 M/Gruppe
– Leiterwechsel 2010		
Handlungsabläufe:		
– Dienstbesprechung:	wöchentlich	monatlich
Sachen/Mittel:		
– Möblierung	individuell	einheitlich

5. Mögliche Ursachen	*mögliche Ursache: Veränderung des Anleiterschlüssels* 2008: 4 Anleiter auf 12 Jugendliche 2013: 4,5 Anleiter auf 9 Jugendliche *mögliche Ursache: Leiterwechsel* *mögliche Ursache: veränderte Handlungsplanung* – Dienstbesprechung 2008: wöchentlich 2013: monatlich *mögliche Ursache: Verlust an Individualität* Möblierung 2008: individuell 2013: einheitlich
6. Wahrscheinlichste Ursache	Das Problem der Einrichtung liegt in Veränderungen, die u. a. aufgrund von Kosteneinsparungen erfolgten und für Klienten wie Mitarbeiter eine schlechtere Atmosphäre verursachen. Verschiedene Faktoren wirken zusammen.
7. Tatsächliche Ursache und Beweis	*Da verschiedene Faktoren zusammenwirken, ist eine einzige tatsächliche Ursache nicht zu ermitteln und zu beweisen.*

Tabelle 15: Beispiel einer kausalen Problemanalyse

Wie wir gesehen haben, geraten kausale Problemanalyseansätze in der Sozialwirtschaft schnell an ihre Grenzen, da in komplexen sozialen Systemen die tatsächlichen Ursachen für Probleme oft nicht eindeutig bestimmbar sind. Denn in der Regel bestehen in der Sozialwirtschaft wechselseitige Abhängigkeiten zwischen den Elementen eines Systems, die es mitzuberücksichtigen gilt, wie in Kapitel 2.3.2.2 gezeigt wird. Das heißt aber nicht, dass es nicht auch in der Sozialwirtschaft Ursache-Wirkungsketten gibt. Wenn ein Unfall geschieht, wird der Rettungsdienst gerufen. Hier muss man nicht lange Bezüge und Abhängigkeiten eruieren, sondern sofort losfahren, um ein Menschenleben zu retten. Doch auch komplexere Problemstrukturen lassen sich auf kausale Ursache-Wirkungsketten zurückführen, die dann aber in einer Problemhierarchie visualisiert werden.

Erstellen einer Problemhierarchie

Auch bei dieser kausalen Methode werden Ursache-Wirkungsketten erstellt, die man in einem Diagramm visualisiert.

Kernprobleme werden lokalisiert und in den Mittelpunkt der Betrachtungen gestellt. Auch hier gilt, dass über eine Veränderung der Ursachen sowohl das Kernproblem als auch seine negativen Auswirkungen verändert werden können.

Um das Diagramm zu erstellen, eignet sich die Moderationsmethode. Der Arbeitsauftrag lautet:

- Die Probleme werden als negative Zustände formuliert.
- Auf einer Karte wird jeweils nur ein Problem festgehalten.

Es werden existierende Probleme festgehalten, weil ein Problem nicht die Abwesenheit einer Lösung, sondern ein existierender negativer Zustand ist, wobei die Wichtigkeit eines Problems nicht durch seine Position im Problembaum bestimmt wird. Mögliche, eingebildete oder zukünftige Probleme werden ausgeklammert.

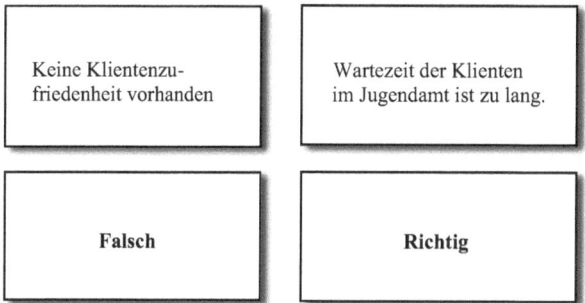

Beispiel einer Problemhierarchie (Problemanalyse in einem Jugendamt)

Es werden vorhandene Probleme, ihre Auswirkungen und die ihnen zugrunde liegenden Ursachen diagnostiziert und als „**Ursache-Problem-Wirkungsbaum**" visualisiert.

2 Phase 1: Projekte vorbereiten

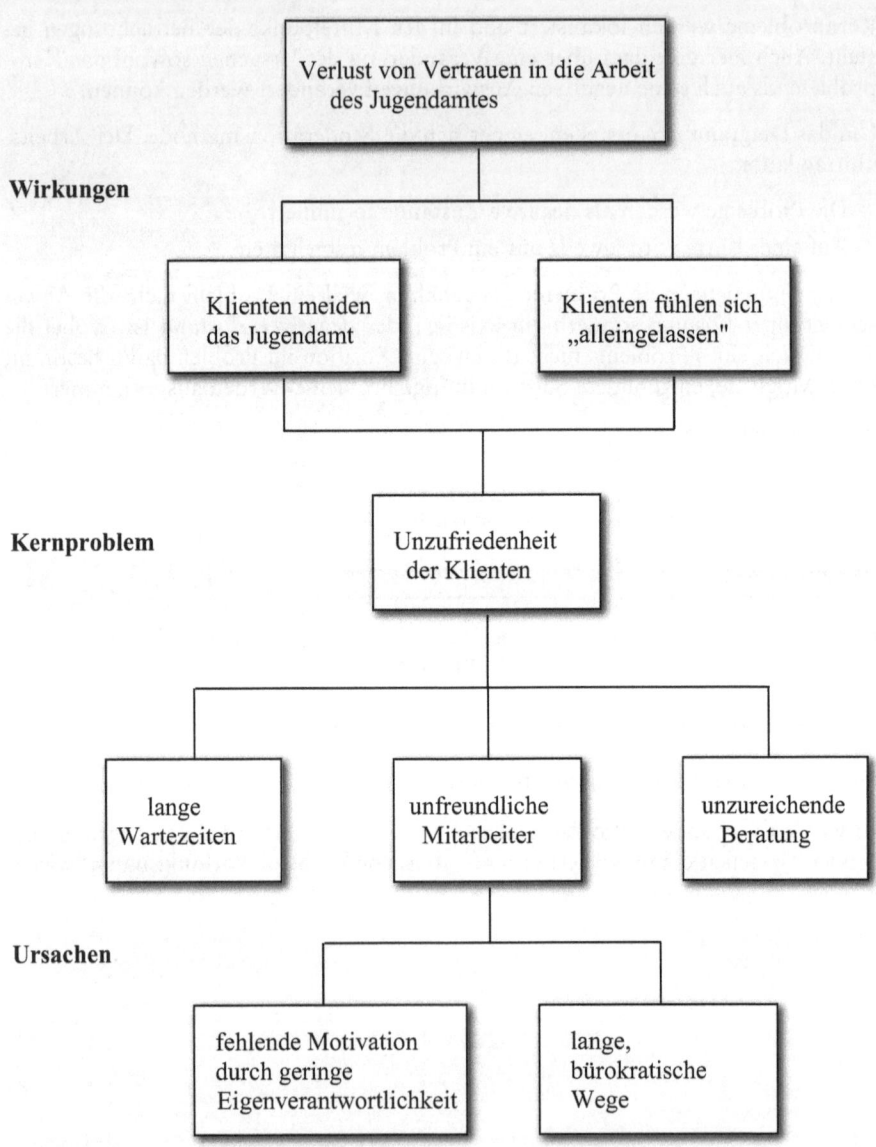

Abb. 10: Ursache-Problem-Wirkungsbaum

Systemische Problemanalysetechniken

Ausgehend von der Erkenntnis, dass auch im sozialen Bereich die Interaktionen zwischen Personen, Institutionen oder Problemfeldern weitaus wichtiger sind als kausal beschreibbare Ursache-Wirkungs-Ketten, geraten linear-kausale Diagnoseansätze an funktionale Grenzen. Die Grundthese systemischer Problemanalysetechniken ist, dass komplexe Problemzusammenhänge nicht beschreibbar sind, wenn man die Aufmerksamkeit lediglich auf ein Element richtet, sondern man das gesamte System mit seinen Schnittstellen zu berücksichtigen hat.

Der Systembegriff stammt aus der Kybernetik. Ein System besteht nicht nur aus Elementen bzw. Variablen, sondern auch aus deren Beziehungen zueinander und den System-Umwelt-Relationen. Die Bedeutung der Interaktion und Kommunikation wird in der Abgrenzung zu einem Nichtsystem besonders deutlich. Vester erläutert, dass eine Müllkippe nicht die Eigenschaften eines Systems besitze. Ob ich etwas hinzufüge, auseinandernehme oder vertausche, verändere den Gesamtcharakter nicht, „... es bleibt eine Müllkippe. Ihr fehlt die innere vernetzte Struktur." (Vester 2002, S. 18). Anders verhält es sich bei einem System. Dieses ändert mit jedem Eingriff den Charakter und die Beziehung aller Teile zu allen anderen.

So sind bspw. die in Kap. 2.2.3.1 konstatierten Kommunikationsprobleme zwischen einer Jugendwohngruppe und der Verwaltung nicht auf abgrenzbare Ursachen zurückzuführen. Sie sind systemisch und, wie im Folgenden noch gezeigt wird, nur lösbar, wenn die Akteure zielgerichtet zusammenwirken.

Ziel der systemischen Problemanalyse ist die Abbildung der komplexen Realität mit einem vereinfachten Modell, wie z. B. mit der Kräftefeld-Analyse.

Kräftefeld-Analyse nach Lewin

Die Kräftefeld-Analyse nach Lewin stellt die Interaktion zwischen den einzelnen Elementen eines Problemfeldes in den Mittelpunkt. Lewin geht davon aus, dass soziale Systeme „Kräftefelder" aufweisen. Das Feld ist für Lewin kein abstraktes Bezugssystem, wie etwa die graphische Darstellung der Relation von Eigenschaften (z. B. von Gewicht und Alter), sondern eine Vielzahl von Elementen bzw. Bereichen, die alle zur gleichen Zeit existieren und untereinander in Wechselwirkung stehen.

Es sind für ihn zwei Fragen zu beantworten:
1. Wie beeinflussen Randbedingungen die Eigenschaften des Feldes?
2. In welcher Weise stehen die verschiedenen Teile des Feldes zueinander in Beziehung? (vgl. Gairing 2008, S. 38f.)?

Nun werden aber nicht wie bei kausalen Problemlösungsansätzen die Ursachen des Problems lokalisiert, sondern lediglich die die Zielerreichung fördernden und hemmenden Bedingungen analysiert und die Einflusskräfte gewichtet, um dadurch das Feld zielgerichtet beeinflussen zu können.

Kräftefeld-Analyse nach Lewin

am Beispiel von Verzögerungen beim „Aufbau einer Altenpflegeeinrichtung" (vgl. Kapitel 2.2.1 und 2.2.2.1).

1. Problem:

Uns stört, dass sich die Planung für den Bau des Pflegeheims ständig verzögert.

2 Phase 1: Projekte vorbereiten

2. Ziel:

Wie können wir erreichen, dass die Planung schneller und sicherer wird?

3. Einflusskräfte und Bedingungen:

Was hemmt:	Was fördert:
1. unklare gesetzliche Vorgaben	1. idealer Bauplatz
2. Arbeitsüberlastung der Projektentwickler	2. mehr Zeit für das Projekt
3. informelle Widerstände des Sozialkostenträgers	3. mehr Planungsroutine
4. Kompromisse bei der Standortwahl	4. Offenheit und Transparenz aller Beteiligten

4. Einflusskräfte gewichten und analysieren:

Der am stärksten hemmende Faktor ist *der schlechte Standort.*

Der am stärksten fördernde Faktor ist *die gute Zusammenarbeit mit den öffentlichen Verwaltungen.*

5. Vorschläge zur Veränderung:

Um die hemmenden Faktoren zu beseitigen oder abzuschwächen,

muss ein besserer Standort gefunden werden.

Um die fördernden Faktoren zu verstärken und zu unterstützen,

muss Einfluss auf die öffentlichen Entscheidungsträger genommen werden.

6. Aktionsplan erstellen:

- einen guten Standort finden
- eine gute Zusammenarbeit mit den öffentlichen Entscheidungsträgern fördern.

Systemanalyse nach Vester

Das im Folgenden vorgestellte, an Vester (1992) orientierte Modell versucht, Wechselwirkungen zwischen Systemelementen zu lokalisieren. Hierzu werden in einem ersten Schritt Systemelemente beschrieben, in einem zweiten Schritt die Interaktionen zwischen den Elementen visualisiert und in einem dritten Schritt starke und schwache Wechselwirkungen analysiert.

Die Analyse wird anhand des schon in Kap. 2.2.3.1 geschilderten Problembeispiels „Umstrukturierung des Finanzbereichs der Jugendwohngruppe einer Jugendhilfeeinrichtung" verdeutlicht.

Arbeitsauftrag:

Nehmen Sie ein großes Wandplakat und verschiedenfarbige Stifte.

1. Diskutieren Sie in Ihren Arbeitsgruppen das Problem, das Sie bearbeiten wollen, kurz an (ca. 10 Minuten).
2. Formulieren Sie dann das Problem, wenn auch vorläufig, so doch klar und präzise als Frage oder These. Schreiben Sie diese als Überschrift auf das Wandplakat.

   BEISPIEL: JUGENDWOHNGRUPPE (VGL. KAPITEL 2.2.3.1)
   Das Problem lautet:
   „Die Zusammenarbeit zwischen der Jugendwohngruppe und der Verwaltung ist gestört."

3. Diskutieren und bestimmen Sie (evtl. zuerst auf Karten) eine Reihe von Elementen (Größen, Faktoren, Bereichen, Variablen), die bei Ihrem Problem eine Rolle spielen. Denken Sie dabei auch an Faktoren, die bei diesem Problem oft nicht berücksichtigt werden (z. B. bei sozialen Problemen technische Faktoren, bei technischen Problemen menschliche Faktoren etc.). Haben Sie mehr Faktoren gefunden, als Sie in der gegebenen Zeit bearbeiten können, wählen Sie diejenigen aus, die Ihnen am wichtigsten erscheinen.

   BEISPIEL JUGENDWOHNGRUPPE:
   Bestimmung der Elemente, die bei dem Problem eine Rolle spielen:
   a) Negative Erfahrungen aus der Vergangenheit
   b) Vorurteile gegenüber der jeweils anderen Berufsgruppe
   c) Unwissenheit
   d) Mitarbeiter Verwaltung
   e) Mitarbeiter Wohngruppe
   f) Leitung
   g) geringe Bereitschaft der JWG-Mitarbeiter wie auch der Verwaltung, das Prozedere erneut zu erklären bzw. sich erklären zu lassen.

4. Schreiben Sie auf die linke Seite Ihres Wandplakates die gefundenen Elemente in Kreise, die in beliebiger Reihenfolge zu einem Feld geordnet sind.

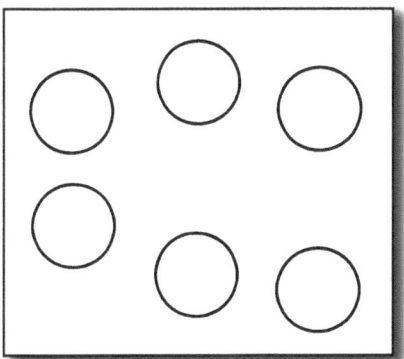

2 Phase 1: Projekte vorbereiten

5. Überprüfen Sie für jedes einzelne Element, ob es in irgendeiner Weise auf jedes andere Element einen Einfluss ausübt. Zeichnen Sie für jeden gefundenen Einfluss einen Pfeil von dem beeinflussenden zum beeinflussten Element. (Bei beiderseitiger Beeinflussung keinen Doppelpfeil, ↔ sondern zwei Pfeile ← →.

Jetzt haben Sie einen Hinweis darauf, ob es sich bei Ihrem Problem um ein Netz (System) handelt, und, falls ja, einen ersten Überblick über die Vernetzungen und Wechselwirkungen der Problembereiche.

BEISPIEL JUGENDWOHNGRUPPE
Visualisierung und Festlegung der Einflüsse der einzelnen Elemente

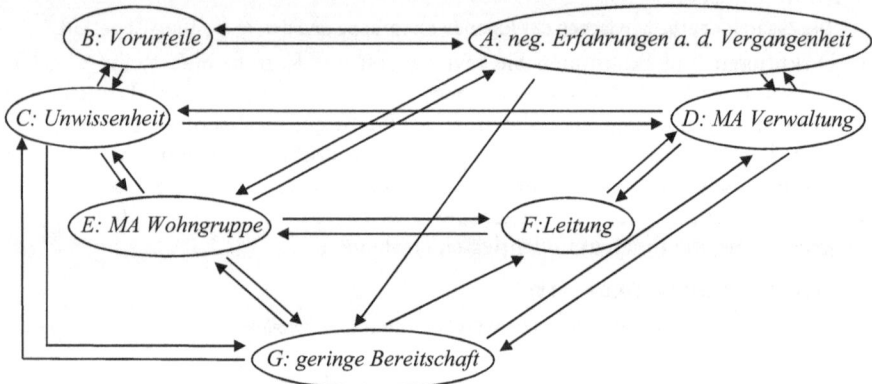

Abb. 11: Systemische Problemanalyse (Visualisierung der Abhängigkeiten)

6. Zeichnen Sie rechts neben die Vernetzung ein Auswertungsschema (s. Punkt 12). Nehmen Sie dabei mindestens so viele Zeilen und Spalten (Großbuchstaben), wie Sie Elemente gefunden haben.
7. Tragen Sie in die Spalte „Wirkung von" (ganz links außen) in beliebiger Reihenfolge Ihre Elemente untereinander ein (Vester 1992, S. 143).
8. Füllen Sie jetzt in dem von den Großbuchstaben eingerahmten Feld alle leeren Kästchen aus, indem Sie die einzelnen Wechselwirkungen bewerten: Schätzen Sie für jedes Element ab, wie stark es die anderen Elemente beeinflusst. Dafür tragen Sie die Zahlen 0 bis 3 ein.
   0 = keine Einwirkung
   1 = schwache Einwirkung
   2 = mittlere Einwirkung
   3 = starke Einwirkung (Vester 1992, S. 143)
9. Addieren Sie in jeder Zeile neben dem Element die Zahlen von links nach rechts, und schreiben Sie die Summe in die Spalte AS. So erhalten Sie die Aktivsumme eines jeden Elements.
   Alle von oben nach unten unter einem Buchstaben addierten Zahlen ergeben die Passivsumme (PS) des Elements.

„Dasjenige Element, das die anderen am stärksten beeinflusst (ganz abgesehen davon, wie es selbst beeinflusst wird), hat dann die höchste Aktivsumme. Das Element, das am meisten beeinflusst *wird,* erhält die höchste Passivsumme" (Vester 1992, S. 144f.).

10. Bitte teilen Sie „die Aktivsumme jedes Elements durch seine Passivsumme (AS : PS = Quotient Q). „Das Element mit der höchsten Q-Zahl ist dann das *aktive Element,* das mit der niedrigsten Q-Zahl das *reaktive Element"* (Vester 1992, S. 145).

    - Das **aktive Element** „beeinflusst alle anderen am stärksten, wird aber von ihnen am schwächsten beeinflusst" (Vester 1992, S. 142).
    - Das **passive Element** „beeinflusst die übrigen am schwächsten, wird aber selbst am stärksten beeinflusst" (Vester 1992, S. 142).

11. Multiplizieren Sie die Aktivsumme jeden Elementes mit seiner Passivsumme, und schreiben Sie das Ergebnis in die Zeile P
    (AS x PS = Produkt P).

    Das Element mit der höchsten P-Zahl ist das *kritische Element,* das mit der niedrigsten P-Zahl *das ruhende (puffernde) Element.*

    - Das **kritische Element** „beeinflusst die übrigen am stärksten und wird gleichzeitig von ihnen am stärksten beeinflusst" (Vester 1992, S. 142).
    - Das **ruhende oder puffernde Element** „beeinflusst die übrigen am schwächsten und wird von ihnen am schwächsten beeinflusst" (Vester 1992, S. 143).

12. Kennzeichnen Sie jetzt anhand der Ergebnisse in beiden Schemata auf Ihrer Wandzeitung die vier besonderen Elemente durch entsprechende Hervorhebung oder Beschriftung.

2 Phase 1: Projekte vorbereiten

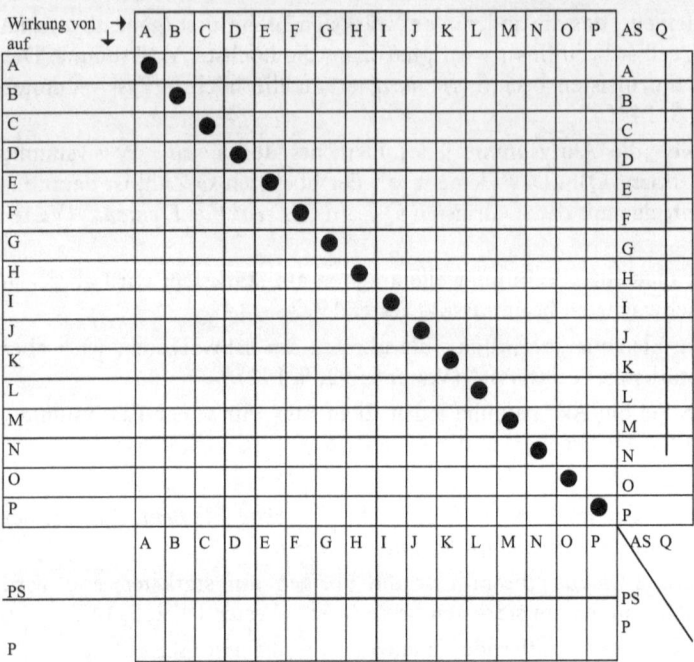

Abb. 12: Systemische Problemanalyse (Auswertungsschema)
(Vester 1992, S. 144f.).

BEISPIEL JUGENDWOHNGRUPPE

Wirkung von Auf	A	B	C	D	E	F	G	AS	Q
A neg. Erfahrungen	■	3	0	3	2	2	3	13	2,6
B Vorurteile	1	■	2	2	2	1	2	10	0,91
C Unwissenheit	0	1	■	1	2	0	2	6	0,75
D MA Verwaltung	2	3	1	■	3	1	2	12	0,92
E MA Wohngruppe	1	2	1	3	■	1	2	10	0,77
F Leitung	0	0	1	2	2	■	1	6	0,86
G geringe Bereitschaft	1	2	3	2	2	2	■	12	1,0
	A	B	C	D	E	F	G	AS	Q
PS	5	11	8	13	13	7	12	PS	
P	65	110	48	156	130	35	144	P	

Abb. 13: Systemische Problemanalyse

(Auswertungsschema für das Projektbeispiel Jugendwohngruppe)

13. Werten Sie Ihre Ergebnisse aus:

BEISPIEL JUGENDWOHNGRUPPE

- Das **aktive Element** sind die **negativen Erfahrungen** aus der Vergangenheit. Diese beeinflussen die anderen Elemente sehr stark, werden aber ihrerseits gering beeinflusst.
- Das **passive Element** stellt die **Unwissenheit** dar. Sie wird stark von den anderen Elementen geprägt, wirkt sich aber kaum auf die anderen Elemente aus.
- Das **kritische Element** liegt laut dem Auswertungsschema deutlich bei den **Mitarbeitern der Verwaltung**.
- Das **ruhende/puffernde Element** ist die **Leitung**.

Folgerungen für die Zukunft:
1. Da die Unwissenheit als passives Element stark von den anderen Elementen beeinflusst wird, sollte in der Zukunft eine starke Einbeziehung der Mitarbeiter der Wohngruppe in die Planung und Ausführung der einzelnen Arbeitsschritte erfolgen.
2. Dies muss aber auch hinsichtlich der Verwaltung gelten. Dort muss eine Bereitschaft entstehen, bestimmte Entscheidungen oder Veränderungen, die aus pädagogischen Gründen erfolgen, zu respektieren. Dazu gehören Erklärungen und Gespräche, denn nur dann kann die Unwissenheit dem Verständnis weichen.
3. Die Verwaltung als kritisches Element bedeutet einen gewissen Unruhefaktor. Doch mit Ruhe, Ausdauer und Gesprächen sollte sich der Einfluss dieses Elements verändern lassen.
4. Die Leitung als ruhendes Element sollte ihren ausgleichenden Charakter nutzen und als Vermittler und Fachpartner für beide Seiten zur Verfügung stehen. Die Leitung sollte ihre Mediatorfunktion stärker nutzen.

Resümee

Die linear-kausalen Problemanalysetechniken eignen sich nur für klar strukturierbare Problembereiche, denn sie setzen Ursache-Wirkungs-Beziehungen voraus. Das Problem wird als Wirkung einer abgrenzbaren Ursache verstanden. Eine Problembewältigung ist möglich, wenn die Ursachen verändert werden. Um mit den linear-kausalen Problemlösungsmethoden arbeiten zu können, empfiehlt es sich, in einem ersten Schritt die Problemfelder abzugrenzen. Hierzu bietet sich die Technik des zirkulären Fragens (Problemanalyse im Team) an (vgl. Kap. 2.2.3.1), um unstrukturierte Probleme in strukturierte Teilprobleme zu zerlegen und dann die kausalen Problemanalysetechniken anzuwenden.

Fazit: Einfache Probleme bedürfen einfacher Lösungen, komplexe Probleme bedürfen der Methoden systemischen Problemlösens!

2 Phase 1: Projekte vorbereiten

Beachte die folgenden Denkfehler im Umgang mit komplexen Situationen! (Kausaler Ansatz:)	Folge den Schritten des ganzheitlichen Problemlösens! (Systemischer Ansatz:)
1. Denkfehler Probleme sind objektiv gegeben und müssen nur noch klar formuliert werden.	**Abgrenzung des Problems** Die Situation ist aus verschiedenen Blickwinkeln zu definieren und es ist eine Integration zu einer ganzheitlichen Abgrenzung anzustreben.
2. Denkfehler Jedes Problem ist die direkte Konsequenz einer Ursache.	**Ermittlung der Vernetzung** Zwischen den Elementen einer Problemsituation sind die Beziehungen zu erfassen und in ihrer Wirkung zu analysieren.
3. Denkfehler Um eine Situation zu verstehen, genügt eine <Photographie> des Ist-Zustandes.	**Erfassung der Dynamik** Die zeitlichen Aspekte der einzelnen Beziehungen und einer Situation als Ganzer sind zu ermitteln. Gleichzeitig ist die Bedeutung der Beziehungen im Netzwerk zu erfassen.
4. Denkfehler Verhalten ist prognostizierbar. Notwendig ist nur eine ausreichende Informationsbasis.	**Interpretation der Verhaltensmöglichkeiten** Künftige Entwicklungspfade sind zu erarbeiten und in ihren Möglichkeiten zu simulieren.
5. Denkfehler Problemsituationen lassen sich „beherrschen", es ist lediglich eine Frage des Aufwands.	**Bestimmung der Lenkungsmöglichkeiten** Die lenkbaren, nichtlenkbaren und zu überwachenden Aspekte einer Situation sind in einem Lenkungsmodell abzubilden.
6. Denkfehler Ein „Macher" kann jede Problemlösung in der Praxis durchsetzen.	**Gestaltung der Lenkungseingriffe** Entsprechend systemischer Regeln sind die Lenkungseingriffe so zu bestimmen, dass situationsgerecht und mit optimalem Wirkungsgrad eingegriffen werden kann.
7. Denkfehler Mit der Einführung einer Lösung kann das Problem endgültig ad acta gelegt werden.	**Weiterentwicklung der Problemlösung** Veränderungen in einer Situation sind in Form lernfähiger Lösungen vorwegzunehmen.

Abb. 14: Überblick über Denkfehler und Lösungsansätze im Umgang mit komplexen Situationen (Gomez, Probst 1987, S. 62).

Die systemischen Problemlösetechniken sind geeignet, komplexere Probleme zu analysieren. So wird bei der Kräftefeldanalyse nach Lewin davon ausgegangen, dass sich Probleme gegenseitig bedingen und eine kausale Ursache-Wirkungs-Beziehung nicht immer herstellbar ist. Folglich geht es auch nicht darum, Ursachen von Problemen zu beseitigen, sondern das Kräftefeld zu verschieben, fördernde und hemmende Bedingungen zu lokalisieren, die hemmenden Bedingungen zu schwächen und die fördernden Bedingungen zu unterstützen, so dass sich das Kräftefeld in Richtung der definierten Zielsetzung verschiebt.

Bei der geschilderten Problemanalysetechnik nach Vester werden die unterschiedlichen Elemente eines Systems lokalisiert. Es wird ein Netzwerk erstellt, und es werden aktive und passive, kritische und puffernde Elemente analysiert. Auch hier geht es nicht darum, linear-kausale Ursache-Wirkungs-Beziehungen herzustellen, sondern systemisch dort anzusetzen, wo eine Veränderung möglich ist.

Systemische Ansätze versuchen solche Denkfehler, wie Gomez/Probst sie für den kausalen Ansatz aufzeigen, zu vermeiden.

FOLGENDE FEHLER WERDEN IM UMGANG MIT PROBLEMEN MEISTENS GEMACHT:

- Die Komplexität (die unterschiedlichen Einflussfaktoren) des Problems wird übersehen bzw. nicht ernst genommen.
- Man will zu schnell Erfolge vorweisen und geht dadurch zu unüberlegt vor (Lösungen werden wie „aus der Hüfte geschossen" präsentiert).
- Alte Einstellungen (Theorien) gegenüber Handlungsabläufen, Realisierungsmöglichkeiten und Mitarbeiter haben ein zu hohes Gewicht.
- Die Mitarbeiter werden zu wenig am Lösungsprozess beteiligt.
- Die Bereitschaft, in einen kreativen und ganzheitlichen Prozess bei der Problembehandlung einzutreten, ist meist begrenzt.

Daraus ist zu folgern:

- Ein Problem muss in seinen vielen verschiedenen Dimensionen (Einflussfaktoren) analysiert und behandelt werden.
- Auch wenn das mehr Zeit kostet, verspricht es doch die Wahrscheinlichkeit, die Ursachen für die Soll-Ist-Diskrepanz zu finden, um daraus Lösungen zu entwickeln.
- Die alte Weisheit „das war schon immer so" oder „das hab ich doch schon immer gewusst" hilft im Lösungsprozess nicht weiter. Realisierungsmöglichkeiten, Handlungsabläufe und Mitarbeitermotivation sind veränderbar.
- Die Bereitschaft, am Lösungsprozess mitzuwirken, ist bei den Mitarbeiter in der Regel hoch. Die Mitarbeiter tragen Lösungen, an denen sie beteiligt waren, aktiv mit!
- Oft finden sich keine Lösungen auf den „ausgetretenen Pfaden". Kreative Prozesse produzieren häufig gute Lösungen! (Diakonische Akademie Deutschland (b) 2003, S. 2).

Fragen zu Kapitel 2:

1. Was ist der Sinn der Beteiligten-/ Stakeholder-Analyse?
2. Was ist die Aufgabe der Situationsanalyse?
3. Was verstehen Sie unter einem Problem?
4. Was ist Aufgabe der Problemstrukturierung im Team?
5. Was ist Kernbestandteil kausaler Problemanalysetechniken?
6. Warum geraten kausale Problemanalysetechniken in der Sozialwirtschaft schnell an ihre Grenzen?
7. Was verstehen Sie unter einem System?
8. Was ist das Ziel der Kräftefeldanalyse?
9. Welche Elemente werden durch die Systemanalyse nach Vester lokalisiert?

3 Phase 2: Projekte planen

In diesem Kapitel werden

- Techniken und Herangehensweisen zur Zielfindung im Projekt,
- Ideenfindungstechniken,
- Techniken der Projektstrukturierung,
- der Ablaufplanung (Balkendiagramm, Handlungsplanung, Netzplantechnik) und der
- Kapazitäts- und Kostenplanung vorgestellt.

„Planung ist der Versuch, durch eine methodisch gestützte und systematische Informationssuche, -auswahl und -verarbeitung Handlungsoptionen zu entwickeln, deren Umsetzung zu gewünschten Ergebnissen führen soll. Der Planungsprozess besteht in der Entwicklung von Zielen, in der Analyse der Ausgangssituation, in der Auswahl geeigneter Mittel, in der Festlegung einer Durchsetzungsstrategie und in der Kontrolle der Zielerreichung. Dabei können unterschiedliche Methoden und Planungstechniken zum Einsatz kommen. Zur Ideenfindung wird häufig ein → Brainstorming genutzt; als Methoden zur Entscheidungsfindung können eine → Kosten-Nutzen-Analyse, eine → Kosten-Wirksamkeits-Analyse oder eine Nutzwertanalyse zur Anwendung gelangen und zur Erfolgskontrolle wird in der Regel eine → Evaluation durchgeführt. Das Planungsverständnis weist in den einzelnen Fachdisziplinen charakteristische Unterschiede auf. Die ökonomische Entscheidungstheorie versteht Planung in erster Linie als ein Instrument zur „rationalen Allokation knapper Mittel zur Erreichung vorgegebener Ziele". Planung ist eine wertneutrale Methode zur Erhöhung der Zweckrationalität im Hinblick auf vorgegebene Zwecke. Die Reflexion der Ziele (→ Zielkonflikt), des Handelns und ihrer gesellschaftlichen und politischen Folgen, mit anderen Worten die Berücksichtigung sozialer Zusammenhänge, ist nicht Teil der Planung. Demgegenüber ist Planung in der Sozialen Arbeit nur als partizipatives Geschehen denkbar. Dies betrifft sowohl die Planung einer personenbezogenen Hilfeleistung wie auch den Bereich der → Sozialplanung, die regional bzw. sozialräumlich ausgerichtet ist. Es wird grundsätzlich davon ausgegangen, dass Veränderungsprozesse nur dann erfolgreich gestaltet werden können, wenn die betroffenen Menschen auf der Grundlage einer Vertrauensbeziehung aktiv in den Hilfe- bzw. Planungsprozess einbezogen werden." (Deutscher Verein (Hrsg.): Fachlexikon der Sozialen Arbeit, Baden-Baden 2017, S. 656f.).

Aus der Vielfalt der Planungstechniken werden im Folgenden „Zielorientierte Projektplanungsansätze" vorgestellt. Inhalte dieser Planungsansätze sind:

- realistische Ziele und eindeutige Zielvorstellungen für einen längeren Zeitraum zu definieren,
- die Kommunikation durch gemeinsame Planung und eindeutige Dokumentation/Begrifflichkeit zu verbessern,

3 Phase 2: Projekte planen

- Verantwortungsbereiche festzulegen und
- Indikatoren für Monitoring, Controlling und Evaluation zu erstellen. (BBJ 1992, S. 8).

Der Schlüsselbegriff dieser Planungsansätze ist der Begriff „Ziel".

> Gemäß DIN 69901-1 ist das Projektziel ein „nachzuweisendes Ergebnis und vorgegebene Realisierungsbedingungen der Gesamtaufgabe eines Projekts" und gemäß DIN 69901-5 die „Gesamtheit von Einzelzielen, die durch das Projekt erreicht werden sollen ...".

Wie im Alltagsleben sind Ziele für ein lösungsorientiertes Handeln sinnstiftend. Das gilt auch für die Zielorientierte Projektplanung. Erst wenn allen Beteiligten die Ziele wirklich bekannt sind, können sie sich auf einen Lösungsweg einlassen. Im Leben wie in Projekten wird der Erfolg am stärksten durch nebulöse Ziele beeinträchtigt. Wer nicht weiß, wo er hinwill, muss sich nicht wundern, wenn er irgendwo ankommt. Das mag ja in bestimmten Situationen sinnvoll sein, nicht aber in zielorientierten Projekten, wo Ziele Herausforderung, Motivation und die Basis für Planung und Evaluation sind.

Ausgehend von der Diagnosephase werden deshalb in der Planungsphase eindeutige und allgemein verständlich formulierte **Ziele** erstellt. Aus diesen Zielen werden **Maßnahmen** abgeleitet. Während das Ziel (strategische Projektplanung) angibt, was erreicht werden soll, welcher Endzustand angestrebt wird, ist die Maßnahme der Weg zum Ziel (operative Projektplanung).

Die Zielbeschreibung sollte so eindeutig sein, dass sie „als Maßstab für die Überprüfung und Beurteilung der Ergebnisse dienen kann" (Birker 2003, S. 43). Weiterhin sollten Ziele operationalisierbar sein, d. h., sie sollten so präzise formuliert werden, dass Maßnahmen aus ihnen abgeleitet werden können.

> Ziele müssen eindeutig und allgemein verständlich formuliert sein und dürfen den Lösungsweg selbst nicht vorschreiben. Ziele sind keine Maßnahmen.

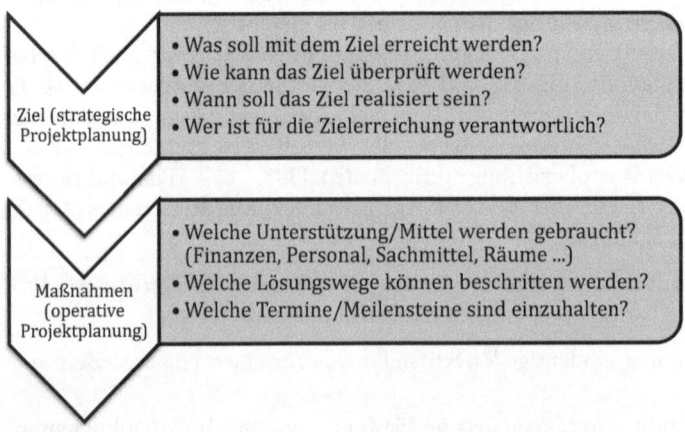

Abb. 15: Strategische und operative Projektplanung

„Kein Mensch käme auf den Gedanken, sich im Bahnhof erst eine Fahrkarte zu kaufen (Ergreifen einer Maßnahme) und danach erst festzulegen, wohin die Reise gehen soll (Zielfestlegung). (...) Leider sieht es im Bereich des sozialen Handelns oft anders aus: Die Mitarbeiter aus Sozialberufen als „Zunft der Handelnden" sehen einen Bedarf (hier müssen wir tätig werden – das müssen wir ändern) und fangen dann an zu handeln. Dabei haben viele völlig unterschiedliche Vorstellungen, wie der anzustrebende Zustand (das Ziel) aussehen soll." (Diakonische Akademie Deutschland 2003 (a), S. 2).

3.1 Strategische Projektplanung

Aufgabe der strategischen Projektplanung ist die quantitative und qualitative Zielplanung. **Quantitative Ziele** sind mess- und operationalisierbar, d. h., sie können in Zahlen ausgedrückt werden. (Beispiele sind monetäre Zielangaben wie Kosten, Finanzvolumen und Umsatz oder nicht monetäre Zielangaben wie Arbeitsstunden, Tätigkeitsdauer, Verbrauch etc.)

Die quantitativen Sach-, Kosten- und Terminziele bilden das Dreieck des Projektmanagements.

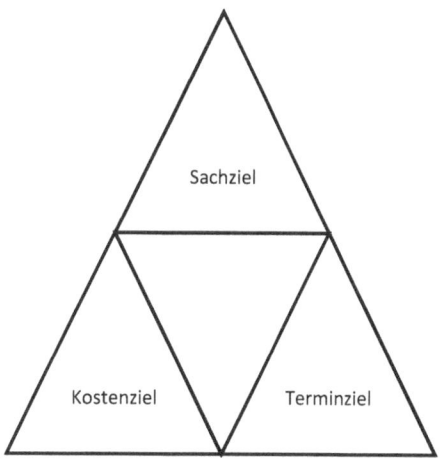

Abb. 16: Dreieck des Projektmanagements

Jedes dieser drei Ziele gilt es im Blick zu behalten, denn wenn eines dieser Ziele gefährdet wird, wirkt sich dies auch auf die anderen Ziele aus. Hierfür werden Steuerungs- und Kontrollsysteme genutzt, um auf Abweichungen schnell reagieren zu können.

Doch oftmals haben wir es mit qualitativen Zielen zu tun, die nicht in Zahlen ausgedrückt werden können.

3.1.1 Zielfindungsprozess im Projekt

Ziele können vom Auftraggeber vorgegeben bzw. auf dem Hintergrund einer Situations- oder Problemanalyse oder aber in einem partizipativen Verfahren entwickelt werden, um die Interessen und Erwartungen der Stakeholder einzubeziehen. Auch Mitarbeiter sollten mit einbezogen werden, denn je größer die Übereinstimmung von Zielen der Organisation und der Mitarbeiter, desto nachvollziehbarer, durchsichtiger und reibungsloser ist die Zusammenarbeit.

Ein Zielfindungsprozess lässt sich wie folgt gliedern:

1. Zielbestimmung
   - Reframingverfahren (Ziel-Mittel-Leitern aus der Problemanalyse erstellen; eventuell Ziele korrigieren und anpassen) oder
   - Partizipatives Verfahren
     - Ziele sammeln
     - Ziele differenzieren
     - Ziele zuordnen und ergänzen
2. Zielbewertung
3. Realisierbarkeit jedes Zieles prüfen
4. Fördernde und hemmende Bedingungen für jedes Ziel auflisten.

3.1.1.1 Reframingverfahren (Ziel-Mittel-Leitern aus der Problemanalyse erstellen)

Orientiert an einem kausalen Ursache-Wirkungsverständnis werden aus der Problemanalyse mithilfe von erstellten Ziel-Mittel-Leitern die Ziele abgeleitet. Ein Ziel wird bei dieser Technik als die Abwesenheit eines Problems verstanden. Folglich werden Ziele nicht mit kreativen Techniken erstellt, sondern durch ein „Reframing" der Problemfeldhierarchie (Ursache-Wirkungsketten).

Beim Reframing geht es darum, einem Problem einen neuen Rahmen (englisch „frame") und somit eine neue Bedeutung zu geben.

Ziel des Reframings ist es, die Interpretation und Wahrnehmungsperspektive und in der Folge auch den kognitiven Zugang zu einer Problemstellung zu verändern, um zusätzliche Wahrnehmungsmöglichkeiten und neue Handlungsmöglichkeiten zu schaffen.

Getreu dem kausalen Ansatz, dass Probleme auf Ursachen zurückgeführt werden können und bei der Problembeseitigung an diesen Ursachen angesetzt werden muss, werden durch das Umwerten der Ursachen die Mittel zur Beseitigung des Problems benannt. Die Abwesenheit des Kernproblems wird zum Grundsatzziel, und aus der Umwertung der Wirkungen werden die Rahmenziele. Das Ergebnis sind **Ziel-Mittel-Leitern.**

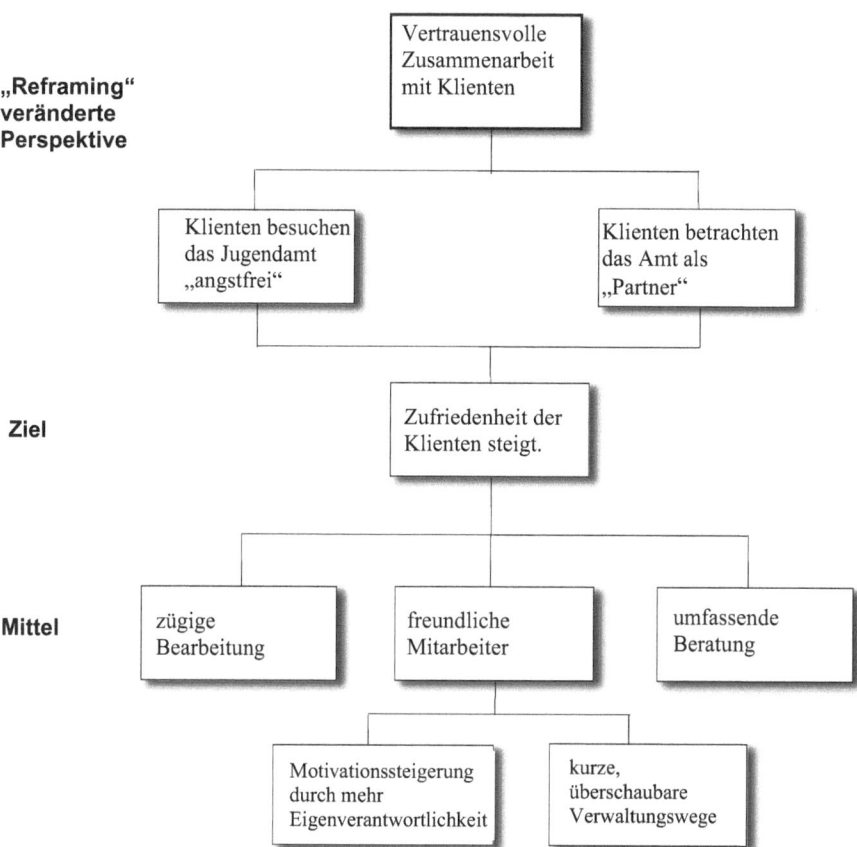

Abb. 17: Ziel-Mittel-Leiter, abgeleitet aus der Problemanalyse eines Jugendamtes

Ziele korrigieren und anpassen, Alternativen überprüfen

Nicht realisierbare Ziele werden korrigiert, angepasst oder inhaltlich reduziert. Weiterhin werden Lösungen überprüft, die ein alternatives Projektziel bilden.

„Logik des Misslingens"

Ein einfaches Instrument, um Alternativen, kritische Elemente und Schwachstellen eines Projekts zu eruieren, ist der Ansatz der „Logik des Misslingens". Wenn man weiß, an welchen Punkten ein Projekt scheitern kann, kann man diese Elemente in den Blick nehmen, damit das Projekt nicht scheitert.

Beantworten Sie hierzu die folgenden Fragen:

I. Was muss geschehen, damit mein Projekt scheitert?
II. Wie kann ich die unter I. aufgelisteten Elemente so beeinflussen, dass das Projekt nicht scheitert (Reframingverfahren)?

3 Phase 2: Projekte planen

Im folgenden Beispiel, das im Rahmen eines Seminars an der Hochschule Braunschweig/Wolfenbüttel durchgeführt wurde, wird das Verfahren benutzt, um Schwachstellen einer Jugendhilfeeinrichtung zu eruieren.

Nutzer
- keine neuen Angebote
- autoritärer Erziehungsstil
- Laissez-faire Erziehungsstil
- Suchtverhalten fördern
- keine Verlässlichkeit bei Mitarbeitern
- alles bagatellisieren
- schlechtes Essen

Mitarbeiter
- gezielt Mobbing fördern
- Einstellen unfähiger Mitarbeiter
- Erhöhung des Stellenschlüssels
- Qualifiziertes Personal in den Spätdienst
- Wegrationalisieren von Verwaltungspersonal + Reinigungspersonal
  oder
  zusätzliche Kräfte dafür einstellen
- Fortbildungen, Supervisionen streichen

Auftraggeber
- keine Kooperationsbemühungen
- Termine nicht wahrnehmen
- Zuständigkeit und Fachlichkeit bezweifeln
- Abrechnung manipulieren/Geld unterschlagen
- Qualitätssicherung und Leistungsbeschreibung verweigern
- Eigene Einrichtung schlechtmachen
- Mit der Konkurrenz verhandeln
- Aufgabenstellung einfordern und -klagen

Arbeitsorganisation
- uneindeutige Arbeitsanweisungen
- Informationen vorenthalten
- Kommunikationswege stören
- unterschiedliche, nicht nachvollziehbare Stellenbeschreibungen und Bezahlungen
- Änderungskündigungen
- Standardisierung und Entzug von Entscheidungskompetenzen (Konzentration)

Abb. 18: „Logik des Misslingens" am Beispiel einer Jugendhilfeeinrichtung

- individuelle Erziehungsmaßnahmen anwenden
- individuelle Entwicklungspläne entwickeln
- Suchtprävention
- NutzerInnen mit ihren Problemen ernst nehmen
- Zuverlässiger Ansprechpartner sein

- Einbeziehung der Mitarbeiter in OE
- gutes Arbeitsklima schaffen
- qualifizierte MitarbeiterInnen einstellen
- Möglichkeiten zur Qualifizierung schaffen
- Personal entsprechend seiner Fähigkeiten einsetzen
- Stellenschlüssel überprüfen
- gezielte Fortbildung + Supervision anbieten

- Fachlichkeit dokumentieren
- Leistungsbeschreibung und Qualitätssicherungsverfahren entwickeln und anwenden
- Kooperationsbereitschaft
- Flexibel Maßnahmen kreieren – auf Bedarf eingehen
- Zuverlässige finanzielle Abwicklung/günstige Maßnahmen
- gutes Marketingkonzept
- Public Relations fördern
- Zuverlässigkeit bei Terminen/Absprachen

- klare Arbeitsaufträge von Leitung formulieren
- effektives Informationsmanagementsystem aufbauen
- Kommunikationswege festlegen/sinnvoll nutzen
- Transparenz bezgl. Stellen- und Aufgabenbeschreibungen und Vergütung
- Teamarbeit fördern
- Delegation von Entscheidungskompetenzen

Abb. 19: Aus der Logik des Misslingens abgeleitetes Reframing am Beispiel der Jugendhilfeeinrichtung

Schlussfolgerungen:

Es gibt immer mehr Alternativen, als wir kennen.

Wenn die Alternativen nicht zu erkennen sind, hilft der Rat „Mach es kompliziert, dann hast du mehr Lösungsmöglichkeiten als Probleme und kannst auswählen." (Baecker 1994).

Ein Fehler, der oft gemacht wird, besteht darin, dass man sich zu schnell mit vorliegenden Alternativen zufriedengibt. Es gibt immer mehr Alternativen, als zunächst angenommen wird. Ein anderer Fehler ist, dass der Status quo und die Nullvariante als Alternative ausgeklammert werden. Malik gibt zu bedenken, dass der Status quo den großen Vorteil hat, dass wir die Schwierigkeiten wenigstens kennen. Eine neue Alternative mag vielleicht den Anschein erwecken, als würde sie alle Schwierigkeiten beseitigen, doch sicherlich wird sie neue Schwierigkeiten und Probleme produzieren. Es kann also sinnvoll sein, bei der bestehenden Variante zu bleiben, statt eine „Verschlimmverbesserung" durchzuführen (Malik 2019, S. 213).

Folgen und Risiken jeder Alternative sind zu durchdenken

Man muss durchdenken, wie lange die einzelnen Alternativen das Unternehmen zeitlich festlegen und wie reversibel die Entscheidungen sind. Entscheidungen, die ein Unternehmen langfristig binden, die nicht rückgängig gemacht werden können, sollten besonders sorgfältig getroffen werden.

Die Art des Risikos ist zu berücksichtigen. Malik benennt vier Arten des Risikos:

1. das Risiko, das mit einer bestimmten Art des Wirtschaftens verbunden ist,
2. das darüber hinausgehende Risiko, das man sich leisten kann, das dem Betreffenden nicht schadet, wenn es eintritt, und das man daher auch eingehen kann,
3. das Risiko, welches man sich nicht leisten kann, weil es zur Katastrophe führt, wenn der damit verbundene Sachverhalt eintritt, und das man daher unter keinen Umständen eingehen darf, und schließlich
4. das Risiko, welches nicht einzugehen man sich nicht leisten kann, weil man keine andere Wahl hat (Malik 2019, S. 214f.).

Anhand möglicher **Alternativen** werden eine oder mehrere Projektstrategien ausgewählt.

Arbeitsauftrag: Erstellung von Alternativen	
Schritt 1:	Identifizieren Sie Ziele, die Sie nicht weiterverfolgen wollen (nicht wünschenswert, bzw. nicht realisierbar).
Schritt 2:	Entwerfen Sie unterschiedliche „Ziel-Mittel-Leitern", die unterschiedliche Projektansätze oder Projektkomponenten aufzeigen.
Schritt 3:	Bestimmen Sie diejenigen Alternativen, die Ihrer Meinung nach die beste Projektstrategie beschreiben.

Kriterien:

- Input-Beschränkungen
- Erfolgswahrscheinlichkeit
- Politische Durchsetzbarkeit
- Kosten-Nutzen-Relation
- Soziale Risiken
- Nachhaltigkeit
- Zeithorizont etc.

Bedarf zur Zielerreichung ermitteln

Zur Erreichung des Ergebnisziels: .... wird benötigt:

Dimension (Faktor)	Bedarf
Personen	
Sachen	
Zeit	
Finanzen	
Sonstiges	

Tabelle 16: Musterformular zur Ermittlung des Bedarfs zur Zielerreichung

3.1.1.2 Partizipatives Verfahren

Ziele können auch in einem partizipativen Verfahren entwickelt werden. Auf diese Weise können die Interessen und Erwartungen der Beteiligten/Stakeholder einbezogen werden.

Ziele sammeln

Um Ideen und Vorschläge von allen Beteiligten zu sammeln, werden Techniken produktiver Teamarbeit eingesetzt. Im ersten Schritt, beim Sammeln von Zielen, ist es entscheidend, dass dabei keine Wertung erfolgt. In einem zweiten Schritt werden die Ziele sortiert und erst in einem dritten Schritt bewertet.

Ziele sammeln

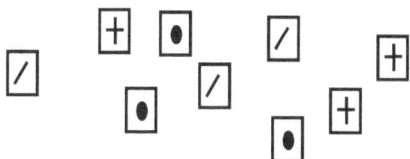

Ziele sortieren

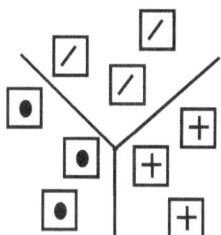

Abb. 20: Ziele sammeln und sortieren

Im folgenden Beispiel wurden Ziele für die „Neugestaltung der offenen Jugendarbeit in einer norddeutschen Großstadt" in einem Workshop, an dem die Leitungsebene und Mitarbeitervertreter aus dem Bereich der offenen Jugendarbeit teilnahmen, gesammelt und den Dimensionen Nutzerebene und Anbieterebene zugeordnet.

Das visualisierte Diskussionsprotokoll diente als Grundlage einer strategischen Zielplanung. Das heißt, die Ziele wurden den Ebenen Grundsatz- und Rahmenziele für die Neugestaltung der offenen Jugendarbeit zugeordnet und mit Punkten nach Wichtigkeit bewertet.

3 Phase 2: Projekte planen

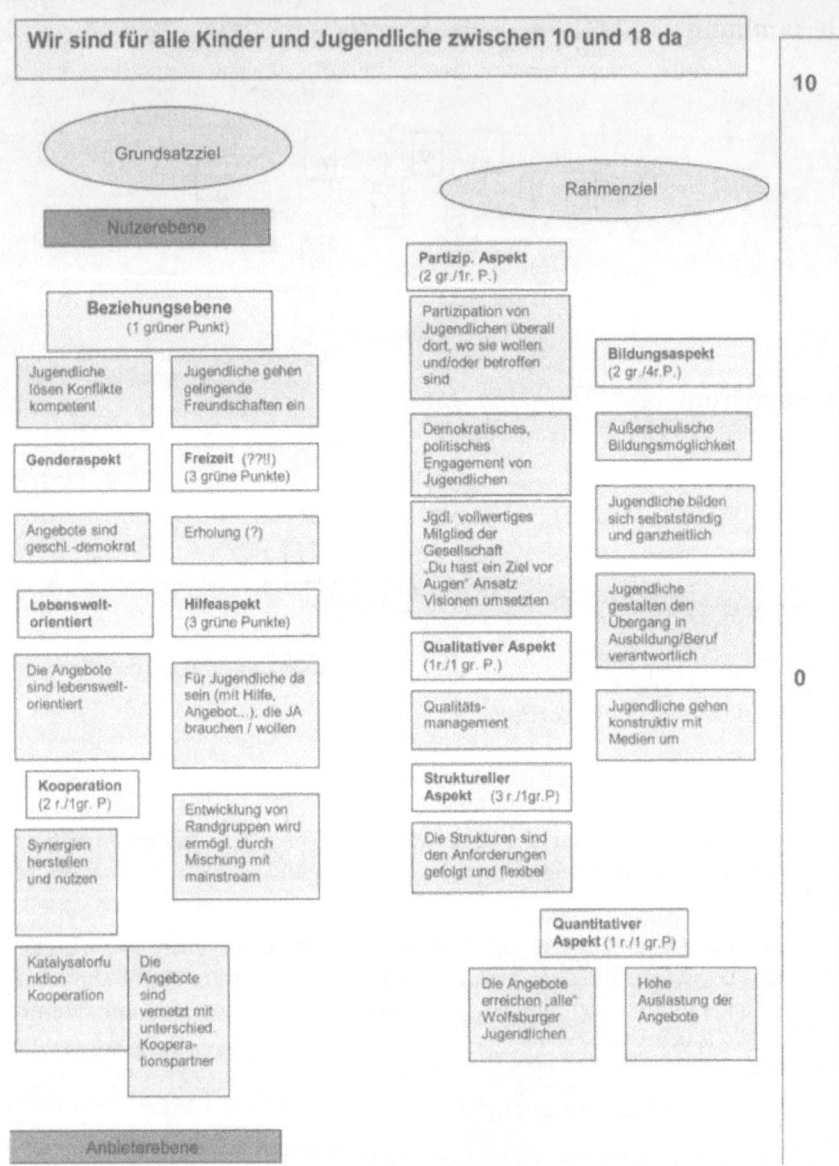

Abb. 21: Ziele für die Neugestaltung der offenen Jugendarbeit (Kolhoff 2005, S. 62).

Rote Punkte (Leitung), grüne Punkte (Mitarbeitervertretung)

Ziele differenzieren

Die zu bewältigende Aufgabe bzw. das Ziel sollte nicht zu hoch gesetzt werden. Ziele, die nicht erreicht werden, wirken auf Dauer demotivierend. Besser ist die

Setzung kleinerer Ziele (auf dem Weg zum „großen Ziel"), die auch tatsächlich erreicht werden können.

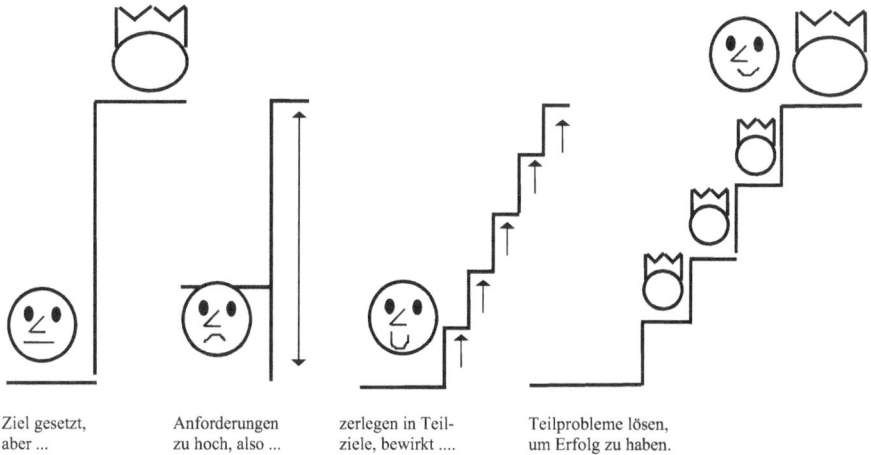

| Ziel gesetzt, aber ... | Anforderungen zu hoch, also ... | zerlegen in Teilziele, bewirkt .... | Teilprobleme lösen, um Erfolg zu haben. |

Abb. 22: Vorteile des Zerlegens in Teilziele

Zunächst werden Grundsatzziele (GZ) lokalisiert. Sie haben eine lange Wirkungszeit und geben die Orientierung des Projekts vor. Außerdem stehen sie in einem größeren normativen Kontext.

Daraus werden Rahmenziele (RZ) abgeleitet, die der Verwirklichung der GZ dienen und sie zeitlich und inhaltlich näher bestimmen.

Im Projekt zur Neugestaltung offener Jugendarbeit wurden das Grundsatzziel: „Wir sind für alle Kinder und Jugendlichen zwischen 10 und 18 Jahren da" und der folgende Rahmenzielkatalog entwickelt:

- RZ 1: Jugendliche sind in der Lage, gelingende Beziehungen einzugehen.
- RZ 2: Die Angebote richten sich an der Lebenswelt der Jugendlichen aus.
- RZ 3: Es gibt Hilfestellungen für Jugendliche, die sie wollen und brauchen.
- RZ 4: Die Angebote sind mit Kooperationspartnern vernetzt.
- RZ 5: Jugendliche werden an den sie betreffenden Fragen beteiligt.
- RZ 6: Wir bieten außerschulische Jugendbildung im Sinne von § 11 KJHG an.
- RZ 7: Es gibt ein Qualitätsmanagement.
- RZ 8: Die Strukturen sind den Anforderungen gefolgt.
- RZ 9: Es gibt quantitativ messbare Ergebnisse.
- RZ 10: Alle Angebote und Strukturen berücksichtigen Gender Mainstreaming.
- RZ 11: Jugendliche gestalten ihre Freizeit.

Nachdem Rahmenziele formuliert waren, galt es, Ergebnisziele (EZ) zu definieren, also festzulegen, was innerhalb des Projektzeitrahmens erreicht werden soll. Ergebnisziele füllen die Rahmenziele mit konkreten Inhalten und Ideen (Vorschlägen). Sie passen sich an die organisatorischen Gegebenheiten der Einrichtung (Mitarbeiter, Finanzmittel etc.) an. Die Ergebnisziele werden durch Methoden und Handlungsabläufe umgesetzt.

GRZ	z. B.: Wir sind für alle Kinder und Jugendliche da.
RZ	z. B.: Jugendliche gestalten ihre Freizeit.
EZ	z. B.: Jugendliche erhalten konkrete Freizeitangebote.

Erst durch die Zieldifferenzierung, die Zerlegung in Teilziele, ist es möglich, komplexe Projekte zu planen. Die Erreichung der kurzfristigen Ergebnisziele führt zum mittelfristigen Rahmenziel und die Erreichung der Rahmenziele zum langfristigen Grundsatzziel.

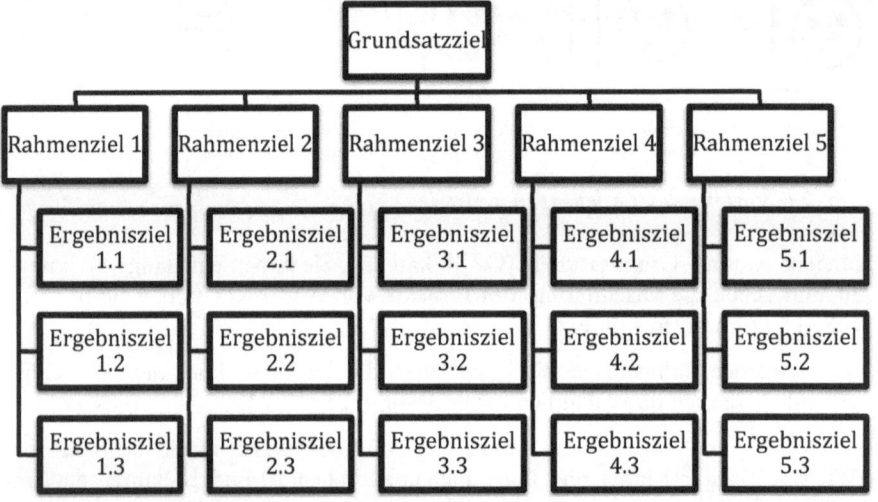

Abb. 23: Zieldifferenzierung

Im Projektbeispiel zur „Neugestaltung der offenen Jugendarbeit" sollte bei der Ergebniszielplanung die Nutzerperspektive zum Tragen kommen, d. h., es sollten die Wünsche und Erwartungen der Kinder und Jugendlichen im Mittelpunkt stehen. Daneben sollten aber auch die Erwartungen der Leitung und der Mitarbeiter Berücksichtigung finden. Es wurde ein Prozess initiiert (Ergebniszielplanung „step by step"), der **vier Stufen** umfasste:

Step 1: Ergebniszielplanung aus Sicht von Leitung und Mitarbeitern.

In einem ersten Schritt formulierte die Leitungsebene vor dem Hintergrund der entwickelten Grundsatz- und Rahmenziele Ergebnisziele und stellte die Zielplanung den Jugendarbeitern in einem zweitägigen Workshop zur operativen Zielplanung vor.

Im Rahmen des Workshops wurde deutlich, dass Konsens beim Grundsatzziel und den Rahmenzielen bestand und der Dissens sich auf die Operationalisierung durch die Leitung bezog.

Nachdem die Mitarbeiter einen eigenen Ergebniszielkatalog formuliert hatten, der dem Ergebniszielkatalog der Leitung gegenübergestellt wurde, zeigte sich, dass nur wenige Punkte strittig waren.

Step 2: Ergebniszielplanung aus der Sicht der Jugendlichen

Um die Sicht der Jugendlichen zu erfassen, wurden diese befragt. Außerdem wurden von den Mitarbeitern Fallanalysen zur Lebenswelt der Jugendlichen erstellt und ausgewertet. Es entstanden 13 unterschiedliche Lebensweltporträts von Jugendlichen. Im Folgenden sind die Präsentationen zweier Fallstudien exemplarisch abgedruckt:

Abb. 24: Fallstudie 1 (Kolhoff 2005, S. 58).

3 Phase 2: Projekte planen

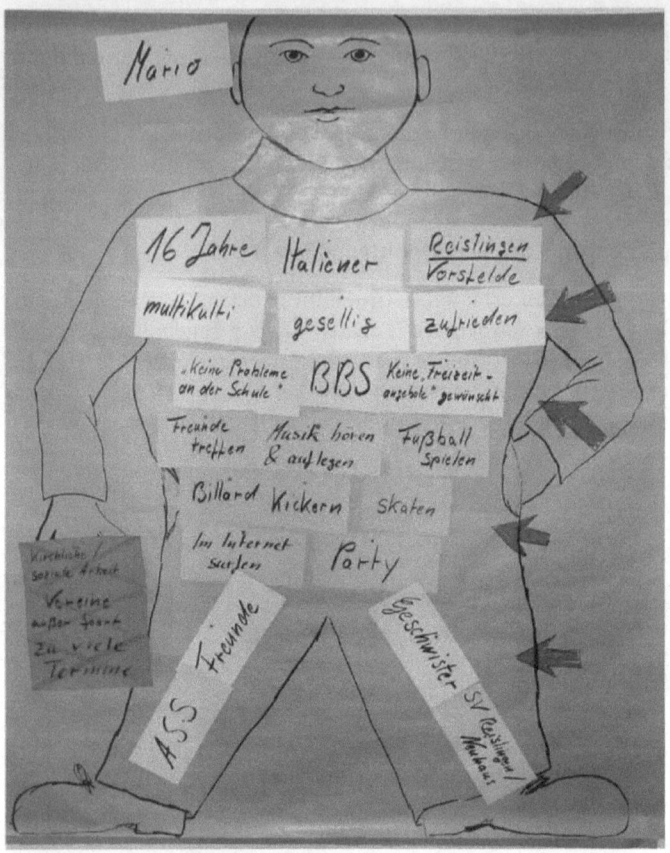

Abb. 25: Fallstudie 2 (Kolhoff 2005, S. 58).

Die Fallanalysen wurden ausgewertet. Daneben wurden die Ergebnisse einer Studie zur Perspektive der potenziellen Nutzer in der offenen Jugendarbeit ausgewertet, und es wurden den vorgegebenen Rahmenzielen Ergebnisziele aus Sicht der Jugendlichen zugeordnet.

Step 3: Prioritätenkatalog

Die Ergebnisziele aus der Perspektive von Leitung, Mitarbeitern und Jugendlichen wurden aufgelistet und miteinander verglichen. Schließlich wurde ein Prioritätenkatalog aufgestellt:

- „Priorität 1" erhielten die Ziele, die sowohl von Jugendlichen, Mitarbeiter als auch der Leitung formuliert,
- „Priorität 2" die Ziele, die von den Jugendlichen formuliert und
- „Priorität 3" die Ziele, die nicht von den Jugendlichen, aber von Mitarbeiter und/oder der Leitung formuliert worden waren. (Kolhoff 2005, S. 70).

Step 4: Abstimmung der operativen Zielplanung

Jeder Teilaspekt der Zielplanung wurde diskutiert und jedes Ziel einzeln abgestimmt. Wenn es Dissens gab, wurde so lange diskutiert und verhandelt, bis eine gemeinsame Lösung gefunden wurde. Einzelne Ziele wurden modifiziert und folgender Zielkatalog abgestimmt:

GZ: Wir sind (vor dem Hintergrund der zur Verfügung stehenden finanziellen und personellen Ressourcen) für alle Kinder und Jugendlichen zwischen 10 und 18 Jahren da.			
RZ	EZ mit der Priorität 1	EZ mit der Priorität 2	EZ mit der Priorität 3
RZ 1: Jugendliche sind in der Lage, gelingende Beziehungen einzugehen.	Jugendliche gehen gelingende Freundschaften ein. Jugendliche lösen kompetent Konflikte (Gewaltaspekt).	Unbesetzt	Jugendliche setzen sich für andere ein. Mitarbeiter (MA) arbeiten partnerschaftlich, offen, ehrlich und zielorientiert miteinander.
RZ 2: Die Angebote richten sich an der Lebenswelt der Jugendlichen aus.	Das Angebot richtet sich an den Interessen und Bedarfen des Sozialraums aus. (Spezifizierung, Jugendhäuser-Studie Wahrnehmung: Jugendhäuser werden als dreckig und heruntergekommen wahrgenommen; Wahrnehmung: viele Plätze, Fahrten und Angebote für Kinder, wenig für Jugendliche und junge Erwachsene; Wahrnehmung: Spielplätze werden durch ältere Jugendliche besetzt, Jugendtreffs sind von Migranten/Cliquen bzw. problematischen Gruppen besetzt. Spezifizierung, Studie zu den Einrichtungswünschen der Jugendlichen: Sport- und Bolzplätze, Go-Kart-Bahnen, Skater-Bahnen etc.)	Das Angebot berücksichtigt jugendfreundliche Zeiten (Öffnungszeiten/ Schließung, Angebote an Freitagen und Samstagen):	MA kennen die aktuellen Forschungsergebnisse (z. B. Shell-Studie) über Lebenswelten, Trends und Interessen von allen Jugendlichen. Das Angebot berücksichtigt die finanzielle Situation der Jugendlichen. Toleranz und Akzeptanz wird bei Jugendlichen gefördert. Es gibt Angebote, welche die interkulturellen/religiösen Unterschiede aufzeigen und Verständnis für die unterschiedlichen Kulturen wecken. Jugendtrends werden von den MA und gemeinsam mit Jugendlichen auch kritisch hinterfragt (Bildungsauftrag KJHG, Aufzeigen von Problemen, Gefahren und Alternativen). Die Angebotsstruktur eröffnet angemessene neue Perspektiven.

3 Phase 2: Projekte planen

RZ 3: Es gibt Hilfestellungen für Jugendliche, die sie wollen und brauchen.	Gewaltprobleme werden von den MA aktiv angegangen (beaufsichtigte Angebote). Probleme im Umgang mit legalen und illegalen Drogen werden aktiv angegangen. Jugendliche erhalten für den Übergang in Ausbildung und Beruf Coaching (einschließlich Schullaufbahnberatung).	unbesetzt	Jugendliche erhalten Hilfe zur Selbsthilfe und Selbstorganisation. Die Palette der Hilfsangebote des GB Jugend und anderer Träger sind den MA bekannt und können effektiv eingesetzt werden.
RZ 4: Die Angebote sind mit Kooperationspartnern vernetzt.	Die Angebote sind offen und flexibel und erfolgen in Kooperation (insbesondere mit Sportvereinen).	Kooperationen haben auch das Ziel, Eintrittskosten (z. B. im Schwimmbad, Kinos etc.) oder die Kosten der Nutzung öffentlicher Verkehrsmittel (Verkehrsbetriebe) zu senken.	Das Ehrenamt wird gefördert. Es werden Netzwerke mit Senioren, Handwerk, Kapital, Vereinen und Verbänden etc. aufgebaut. Die Jugendhilfe übernimmt eine Katalysatorfunktion. Es werden Kooperationen mit Schulen aufgebaut.
RZ 5: Jugendliche werden an den sie betreffenden Fragen beteiligt.	Jugendliche können bei der Planung und Gestaltung von Angeboten, wenn sie wollen und/oder betroffen sind, mitwirken.	Jugendliche engagieren sich demokratisch (z. B. in Aktionsräten und Foren).	Unbesetzt
RZ 6: Wir bieten außerschulische Jugendbildung im Sinne von § 11 KJHG an.	Jugendliche erhalten differenzierte Berufsfindungsangebote. Jugendliche erhalten Unterstützung beim konstruktiven Umgang mit Medien (Computer).	Jugendliche erhalten Bildungsangebote in den Bereichen Sport, Musik, Freizeit, Fahrten, Sprachen.	Jugendliche erhalten Bildungsangebote in den Bereichen Politik, Medien, Allgemeinbildung, kritischer Umgang mit Konsum, Interkulturelles, Umwelt, Gesundheit, Berufsbildung, Tanz. Jugendliche können die Jugendtreffs als Spiel- und Erfahrungsraum für Selbstbildung, Selbstbestimmung und Partizipation nutzen. Jugendliche erhalten durch das Internationale Jugendprogramm Schlüsselqualifikationen wie Ausdauer, Ei-

3 Phase 2: Projekte planen

				geninitiative, Entscheidungsfähigkeit, Hilfsbereitschaft, Teamgeist, Verantwortungsbewusstsein.
RZ 7: Es gibt ein Qualitätsmanagement.	Jugendliche werden über alle Angebote informiert. Der GB Jugend betreibt eine aktive Öffentlichkeitsarbeit (z. B. über das Internet und Zeitungen, Zeitschriften Beispiel Indigo – oder im direkten Kontakt mit den Jugendlichen).	Das Image der Jugendarbeit wird im Sinne der Kundenzufriedenheit verbessert.		Es sollen Selbst- und Fremdevaluationen in der offenen Jugendarbeit erfolgen, um Standards zu sichern. (Fachliche Standards in der offenen Arbeit und im Fachteam werden beschrieben und entwickelt, die Kundenzufriedenheit wird erfragt). Es werden entsprechende Fortbildungen für die MA angeboten.
RZ 8: Die Strukturen sind den Anforderungen gefolgt.	unbesetzt	unbesetzt		Es werden Organisationsentwicklungsmaßnahmen durchgeführt. Die MA sind an der Entwicklung der Strukturen beteiligt.
RZ 9: Es gibt quantitativ messbare Ergebnisse.	unbesetzt	unbesetzt		Es gibt eine hohe Auslastung der Angebote. (Mögliche Maßnahmen zur Überprüfung: Forum im Internet, Besucherzählung, Untersuchung, wie viel Geld Mädchen und Jungen in den jeweiligen Altersgruppen zugutekommt, vergleichende Statistik à la VHS, Gesamtstatistik.)
RZ 10: Alle Angebote und Strukturen berücksichtigen Gender Mainstreaming.	unbesetzt	unbesetzt		Die Angebotspalette berücksichtigt gleichermaßen Interessen von Jungen und Mädchen. (Weitere Operationalisierungen: MA vertreten in einer Anwaltsfunktion die Interessen von Mädchen und Jungen gleichermaßen. Das Projekt wird durch jeweils eine MA/einen MA im Arbeitskreis Jungen und Mädchen vertreten. In Kooperationsvereinbarungen wird der Gen-

3 Phase 2: Projekte planen

			deraspekt berücksichtigt. Die Raumgestaltung berücksichtigt geschlechtsspezifische Anforderungen. Jungen und Mädchen können sich nach Bedarf adäquate Räume und Zeiten aneignen. Es gibt geschlechtsspezifische Angebote, z. B. in den Bereichen Sport, Kultur.
RZ 11: Jugendliche gestalten ihre Freizeit.	Jugendliche erhalten konkrete Freizeitangebote (z. B. Diskos, Ballsportarten, Skaten, Go-Kart, Kampfsport, Wettkampfspiele, Ausflüge und Fahrten). Die finanzielle Situation der Jugendlichen wird berücksichtigt.	Jugendliche können sich in den Einrichtungen treffen. Es werden Musik-, Szene- oder Kulturprogramme angeboten.	Jugendliche werden unterstützt, ihre Freizeit selbst zu organisieren. Weitere Operationalisierungen: Die Etablierung von selbstbestimmten und -bestimmenden Strukturen wird gefördert. Jugendgruppenleiter werden bei selbstorganisierten Hausöffnungen begleitet. Es wird eine Teamerstruktur in den Häusern aufgebaut. Es gibt Unterstützung für jugendliche Musiker, Bands und DJs. Es werden Übungsräume zur Verfügung gestellt. Es gibt Auftrittsmöglichkeiten für junge Nachwuchsbands und DJs. Nachwuchsbands werden beraten und unterstützt (Bandbetreuung, PA-Workshops). Es gibt Angebote aus dem Bereich der Erlebnispädagogik.)

Tabelle 17: Zielkatalog (Kolhoff 2005, S. 71f.).

Zielpyramide

Die Zuordnung bestimmter Ergebnisziele zu Rahmenzielen, die bestimmten Grundsatzzielen untergeordnet werden, bezeichnet man als Zielzuordnung (Müller-Schöll/Priepke 1992, S. 49). Es entsteht eine Zielpyramide, die visualisiert werden muss. Sie sollte während des Projekts vor allem im Bereich der EZ ergänzbar bleiben, falls Ergebnisziele zu hochgesteckt sind und Teilziele formuliert werden müssen. Dadurch erhöht sich die Motivation der Projektmitarbeiter, die sich anhand der Zielpyramide jederzeit ein Feedback zur eigenen Leistung einholen können.

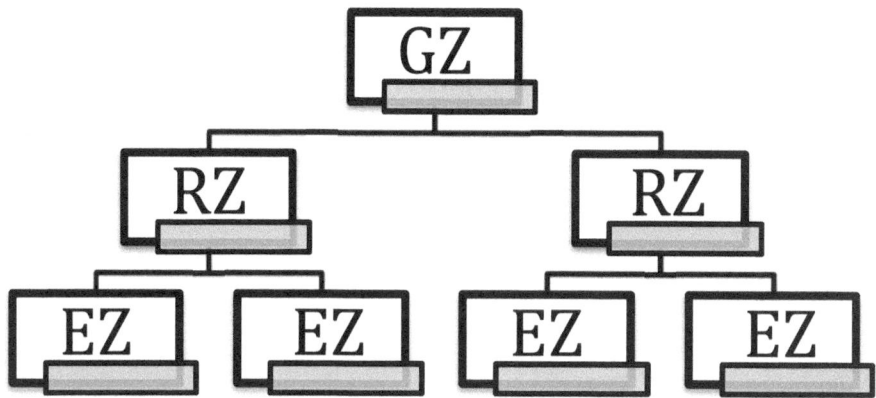

Abb. 26: Zielpyramide

Grundsatzziel:
Aufbau einer Altenpflegeeinrichtung

RZ 1	RZ 2	RZ 3	RZ 4	RZ 5	RZ 6
Sichere Finanzierung	Standort mit Pflegebedarf	Einhaltung der gesetzlichen Bestimmungen	Einhaltung der Terminplanung	Unterstützung von der Kommune	geringe Fluktuation des Personals

EZ 1.1	EZ 2.1	EZ 3.1	EZ 4.1	EZ 5.1	EZ 6.1
Ein Projekt, das für alle attraktiv ist	Gute Infrastruktur	Heimmindestbauverordnung	Qualifizierter und erfahrener Planer	Gute Zusammenarbeit mit den kommunalen Entscheidungsträgern	Gute Kenntnis des Pflegekräftearbeitsmarkts
EZ 1.2 Betreiber finden	EZ 2.2 Grundstück in idealer Lage	EZ 3.2 Pflegesätze	EZ 4.2 Gute Präsentation des Projekts	EZ 5.2 Unterstützung von der Heimaufsicht	EZ 6.2 Qualifiziertes Personal
EZ 1.3 Öffentliche Förderungen	EZ 2.3 Mitbewerber erkennen	EZ 3.3 Kommunale Bauvorschriften	EZ 4.3 Solide Bauzeitenplanung	EZ 5.3 Informelle Entscheidungsstrukturen erkennen	EZ 6.3 Gutes Betriebsklima
EZ 1.4 Investor finden					

Abb. 27: Zieldifferenzierung für das Projektbeispiel „Aufbau einer Altenpflegeeinrichtung".

3.1.1.3 Ziele bewerten

Ziele können durch eine Punktebewertung im Team oder über eine Matrix bewertet werden.

Die Zielbewertung erfolgt anhand von Bewertungsmaßstäben (Kriterien). Diese können sachlich „objektiv" (Fakten) oder auch subjektiv sein (Müller-Schöll/Priepke 1992, S. 50). Sachliche Kriterien können sein:

- Machbarkeit innerhalb eines vorgegebenen zeitlichen Rahmens
- finanzielle Machbarkeit, Kostenaufwand für die Realisierung eines Ziels (Welches Ziel ist kostenaufwändiger bzw. kostengünstiger zu realisieren? Das preiswertere Ziel ist in diesem Fall höher zu bewerten.)
- personale Machbarkeit
- Nutzen der Ziele
- Funktionalität (Anknüpfungsmöglichkeiten an andere Ziele, z. B. welches Handlungsziel nutzt der Erreichung des Rahmenziels mehr oder weniger?)
- Zeitaufwand für die Erreichung des Ziels.

oder auch subjektiv sein:

- innere Einstellungen,
- Empfindungen.

Wenn keine Kriterien festgelegt werden, so werden die einzelnen Personen bei einer Beurteilung ihre individuellen Kriterien anwenden. Dabei kann es einer Person vor allem darauf ankommen, dass ein Ziel möglichst kostengünstig umgesetzt werden kann. Eine andere Person bewertet das Ziel am höchsten, das ihr subjektiv und gefühlsmäßig am meisten zusagt, und eine dritte Person wird die Ziele hoch bewerten, die in kurzer Zeit zu realisieren sind.

Punktebewertung

Bei der Punktebewertung können die an der Bewertung beteiligten Personen eine vorher festgelegte Anzahl von Punkten auf die einzelnen Ziele verteilen. So ergibt sich aus der Streuung der Punkte eine Rangfolge der Ziele.

BEISPIEL:

> Sie haben 6 Rahmenziele zu bewerten. Sie einigen sich in der Gruppe z. B. darauf, dass jede Person insgesamt 9 Punkte vergeben soll. Dabei darf jeder höchstens 4 Punkte kumuliert an eine Alternative vergeben. Nun verteilen alle Personen ihre 9 Punkte auf die 6 Rahmenziele. Das zwingt sie zu priorisieren. Es entsteht eine Rangfolge der Ziele.

Matrixbewertung

Die Bewertungsmethode mithilfe einer Matrix ermöglicht den Vergleich der Alternativen miteinander (Müller-Schöll/Priepke 1992, S. 54ff.). Es gelten im Wesentlichen die gleichen Ansprüche wie bei der Punktebewertung. Auch die Matrixbewertung erfolgt im Team und orientiert sich an Bewertungsmaßstäben. Unter Zugrundelegung der Kriterien erfolgt eine Bestimmung der Rangfolge der Ziele.

Hierzu werden die einzelnen Ergebnisziele in einer Tabelle horizontal und vertikal eingetragen. Es werden immer zwei EZ unter dem Aspekt eines Bewertungskriteriums miteinander verglichen. Gleiche EZ werden nicht bewertet.

Die Ergebnisse (z. B. (+) für gut, (o) für neutral und (-) für negativ) werden für ein EZ in die Zeile eingetragen.

Kriterium x	EZ 1	EZ 2	EZ 3	+	-
EZ 1		+	-	1	1
EZ 2	-		-	-	2
EZ 3	+	+		2	-

Abb. 28: Zielbewertungsmatrix

Die Rangfolge (Zielhierarchie) ergibt sich aus der Summe der (+), (o) und (-). In diesem Beispiel würde sich unter dem Bewertungsmaßstab x das EZ 3 als das beste Ziel darstellen, EZ 2 dagegen scheint dieses Kriterium am schlechtesten zu erfüllen.

So wird mit allen Kriterien einzeln verfahren, anschließend ermittelt man den Gesamtergebniswert. Dabei kann man bestimmte Kriterien gegenüber anderen besonders hervorheben oder gewichten, indem man sie (bzw. die Ergebniswerte) mit einem bestimmten Faktor multipliziert.

Dieses methodische Vorgehen erleichtert den Entscheidungsprozess und macht ihn transparent, nachvollziehbar und damit auch korrigierbar.

3 Phase 2: Projekte planen

	EZ 1	EZ 2	EZ 3	EZ 4	Ergebniswert (+)	(0)	(-)	Rangfolge	Kriterium
EZ 1		+	+	0	2	1	0	1	Finan-
EZ 2			0		0	1	2	3	zierung
EZ 3		0			0	1	2	3	
EZ 4	0	+	+		2	1	0	1	
	EZ 1	EZ 2	EZ 3	EZ 4	(+)	(0)	(-)	R	
EZ 1		+			1	0	2	3	Subjek-
EZ 2					0	0	3	4	tivität
EZ 3	+	+		0	2	1	0	1	
EZ 4	+	+	0		2	1	0	0	
	EZ 1	EZ 2	EZ 3	EZ 4	(+)	(0)	(-)	R	
EZ 1		+	+	0	2	1	0	1	gering-
EZ 2			0		0	1	2	3	ster Per-
EZ 3		0			0	1	2	3	sonalauf-
EZ 4	0	+	+		2	1	0	1	wand

	K1 x 1 Finanzierung			K2 x 2 Subjektivität			K3 x 3 geringster Personalaufwand			Gesamtwertung			Rangfolge
	(+)	(0)	(-)	(+)	(0)	(-)	(+)	(0)	(-)	(+)	(0)	(-)	
EZ 1	2	1	0	2	0	4	6	3	0	10	4	4	2
EZ 2	0	1	2	0	0	6	0	3	6	0	4	14	4
EZ 3	0	1	2	4	2	0	0	3	6	4	6	8	3
EZ 4	2	1	0	4	2	0	6	3	0	12	6	1	1

Abb. 29: Gesamtbewertungsmatrix

3.1.1.4 Realisierbarkeit der Ziele prüfen (Machbarkeitsprüfung)

Ist ein Projektziel realistisch? Das festzustellen, ist Ziel der Realisierbarkeits- oder Machbarkeitsprüfung. Hierbei sind folgende Dimensionen zu überprüfen:

- Personen (Personeller Aufwand)
- Sachen (Sachlicher Aufwand)
- Zeit (Zeitrahmen)
- Finanzen (Finanzieller Aufwand)
- Organisation (Organisatorische Rahmenbedingungen)
- Projektumfeld (Marktsituation, politisch, ökonomisch, juristisch usw.)

Jede einzelne Bedingung wird eingeteilt in:

- Bereits gegeben
- Nicht gegeben, aber realisierbar
- Nicht gegeben und nicht realisierbar

Arbeitsblatt

Ergebnisziel: ....

Dimension (Faktor)	Gegeben	Nicht gegeben, aber realisierbar	Nicht gegeben und nicht realisierbar
Personen			
Sachen			
Zeit			
Finanzen			
Organisation			
Projektumfeld (Marktsituation, politisch, juristisch usw.)			
Sonstiges			

Tabelle 18: Arbeitsblatt zur Realisierbarkeitsprüfung von Zielen

Wenn sich Zweifel an der Realisierbarkeit ergeben, muss ein Ziel aufgegeben werden oder aber zwischen den Möglichkeiten:

- Durchführung einer detaillierten Machbarkeitsstudie
- Durchführung trotz hohen Risikos („Augen zu und durch")

entschieden werden.

3.1.1.5 Fördernde und hemmende Bedingungen für die Zielerreichung

Um im Sinne einer Kräftefeldanalyse die fördernden und hemmenden Bedingungen zu erfassen, die für eine Zielerreichung maßgeblich sind, werden personelle, zeitliche, finanzielle, sachliche oder rechtliche Faktoren gesammelt, die für die Realisierung eines Ziels als entscheidend angesehen werden (Müller-Schöll/Priepke 1992, S. 51).

Arbeitsblatt:

Ergebnisziel: ....

Dimension (Faktor)	Fördernde Bedingungen	Hemmende Bedingungen
Personen		
Sachen		
Zeit		
Finanzen		
Organisation		
Projektumfeld (Marktsituation, politisch, juristisch usw.)		
Sonstiges		

Tabelle 19: Arbeitsblatt zur Erfassung der fördernden und hemmenden Bedingungen für die Zielerreichung

3.1.2 Entwicklung von Lösungsmöglichkeiten (Ideenfindungstechniken)

Nachdem Ziele ausgewählt worden sind, müssen Lösungsvorschläge zur Erreichung dieser Ziele erarbeitet werden. Dies geschieht am besten durch den Einsatz kreativer Ideenfindungstechniken. Derartige Techniken werden bevorzugt in Gruppen eingesetzt und unter der Leitung eines Moderators durchgeführt. Man geht davon aus, dass Gruppen grundsätzlich effektiver sind, weil ein Problem aus verschiedenen Kenntnis- und Erfahrungsbereichen betrachtet wird und so mehr Ideen und Vorschläge entwickelt werden.

Im Folgenden werden die Ideenfindungstechniken „Brainstorming" und „Brainwriting" vorgestellt, die zu den Klassikern der Kreativitätstechniken gehören.

3.1.2.1 Brainstorming

Kennzeichen des Brainstormings ist die assoziative und nicht gewertete Sammlung von möglichst vielen spontanen Äußerungen zu einer bestimmten Fragestellung.

- Die Gruppenmitglieder (eine möglichst heterogene Gruppe ist von Vorteil) äußern einzeln und verbal ihre (Lösungs-) Ideen zu einem vorher kurz vom Gruppenleiter skizzierten Problem.
- Es soll ein freier Lauf der Phantasie und der Assoziationen stattfinden, **Quantität geht vor Qualität,** Ideen können aufgegriffen und weitergeführt (ergänzt) werden. Negativ wertende Kritik ist zu vermeiden und die Beiträge sollten knapp formuliert werden.
- Es darf keine Kritik an einzelnen Ideen oder Personen geübt werden (Killerphrasen).

- Die Ideen werden schriftlich festgehalten (Flipcharts, Overheadfolien). Das Brainstorming sollte nicht zu lange dauern. Danach erfolgt eine kurze Pause.
- Die Auswertung der Ideensammlung erfolgt durch eine andere Gruppe. Eine Aufteilung ist nach folgenden Kriterien möglich:
  - Unmittelbar als Alternative für das Projekt verwertbare Ideen
  - Ideen, die zu Projektalternativen weiterentwickelt werden können
  - Unbrauchbare Ideen

3.1.2.2 Brainwriting

Das Brainwriting ist eine Modifikation des Brainstormings. Während beim Brainstorming die gegenseitige Stimulation innerhalb der Gruppe stark über das Sprechen und Hören der Begriffe erreicht wird, schreiben beim Brainwriting die Teilnehmer ihre Assoziationen zunächst jeder für sich auf. Durch das Schreiben ist es möglich, mehrere unabhängige Assoziationsketten gleichzeitig durchzuführen, während beim Brainstorming die Gefahr besteht, dass dominante Teilnehmer den Gedankengang bestimmen. Nachteil des Schreibens ist, dass nicht alle gleichzeitig alles wahrnehmen können (vgl. Schlicksupp/Berger 1979).

- Jedes Gruppenmitglied schreibt seine Ideen bzw. Lösungsalternativen zu einem vorher skizzierten Problem auf ein Blatt Papier (oder einem speziell vorbereiteten Vordruck) und reicht es weiter.
- Jeder kann, durch den Einfall des anderen angeregt, etwas hinzuschreiben oder ergänzen. Die Schriftstücke werden so lange weiter herumgereicht, bis sie wieder beim „Besitzer" ankommen.
- Anschließend werden die Ideen diskutiert oder durch eine andere Gruppe systematisch ausgewertet. Nach einer Vorauswahl werden einige Vorschläge (Projektalternativen) ausgewählt und auf Muss- und Soll-Anforderungen hin überprüft.
- **Muss-Anforderungen sind zwingend zu erfüllen, bei den Soll-Anforderungen handelt es sich um Ermessensfragen.**

Eine Abwandlung des Brainwriting ist auch als Methode 635 bekannt. Hier schreibt jedes Gruppenmitglied einer sechsköpfigen Gruppe drei Ideen auf einen Vordruck, der dann fünfmal weitergegeben wird.

Grundregeln der 635 Methode:

- Vorstellung des Problems, Definition der Problemstellung
- Jeder Teilnehmer erhält dieses Formular und trägt in die oberste Zeile drei Ideen ein.
- Nach 5 Minuten (ggf. weniger): Austausch der Formulare im Uhrzeigersinn.
- Jeder Teilnehmer schreibt in der zweiten Zeile des Formulars weitere drei Ideen nieder. Er kann dabei die Ideen seines Vorgängers ergänzen, variieren oder eine völlig neue Idee notieren.

3 Phase 2: Projekte planen

- Nach 5 Minuten erneuter Austausch der Formulare im Uhrzeigersinn.
- Usw. bis auch die letzte Zelle eines jeden Formulars ausgefüllt ist.

Arbeitsblatt – 635 Brainwriting

Aufgabenstellung		

Tabelle 20: Arbeitsblatt „635 – Brainwriting"

Aufgabenstellung: Ideen zur Gestaltung der Ausstattung von Wohnungen für ältere und gebrechliche Menschen		
Keine Türschwellen (Rollstuhlfahrer)	Raumklimatisierung	Feste Notrufeinrichtung zu Polizei oder Krankenhaus
Rutschfeste Bodenbeläge	Lärmgeschützte Fenster	In allen Räumen Telefonanschlussdosen
Weiche, dämpfende Fußböden	Fernbedienung für Licht (Ein/Aus)	Notrufanlage zur Nachbarwohnung
Gepolsterte Wand- und Türkanten	Lampen mit Dämmerstufe (Nachtbeleuchtung)	Notrufklingel an der Badewanne
Funksprechanlage zur Haustür	Großzügige Balkone mit Pflanzenanlagen	
„Fahrstuhlbriefkasten", der am Fenster hochgefahren werden kann.	Automatische Schiebetüren	Kochherd mit automatischer Zeitausschaltung

Tabelle 21: Beispiel eines 635 – Brainwritings

Im Anschluss an die Ideenfindung lässt sich auf sehr einfache Weise eine Ideengrobbewertung durch die Gruppe vornehmen: Die Formulare kursieren noch einmal, und jeder Teilnehmer kreuzt auf jedem Formular jene drei Ideen an, die ihm am erfolgversprechendsten erscheinen. Ideen, die vier bis sechs Kreuze erhalten, können im Brainstorming-Prinzip weiter ausgestaltet werden. Im vorherigen Beispiel könnte anhand folgender Kriterien weiter strukturiert werden:

1. Ausstattung:
   - Rollstühle
   - Türbreiten
   - Multifunktionalität
2. Standort
   - Erreichbarkeit
   - Umfeld
   - Freizeitmöglichkeiten
   - Konkurrenz

3.2 Operative Projektplanung

Nachdem auf der strategischen Ebene Ziele bestimmt worden sind, ihre Realisierbarkeit geprüft ist und verschiedene Umsetzungsmöglichkeiten entwickelt worden sind, werden im Rahmen der operativen Projektplanung die Maßnahmen geplant. Es werden Projektstruktur- und Ablaufpläne zur logischen und/oder zeitlichen Planung des Projektablaufs erstellt. Im Rahmen von Projektstrukturplänen werden Teilprojekte und Arbeitspakete bestimmt. Im Rahmen von Ablaufplänen werden logische und/oder zeitliche Projektabläufe geplant, Phasen abgegrenzt und Meilensteine gesetzt. Des Weiteren werden Kapazitäts- und Kostenpläne erstellt, um die benötigten Ressourcen zu erfassen und den einzelnen Aufgaben die voraussichtlichen Kosten zuzuordnen. Außerdem werden Verantwortungen festgelegt und Instrumente der Projektüberwachung, des Monitorings und Controllings installiert, um Planabweichungen aufzuzeigen und Gegenmaßnahmen einleiten zu können.

3.2.1 Projektstrukturplan

Nach DIN 69901-5 ist der Projektstrukturplan die „vollständige, hierarchische Darstellung aller Elemente (Teilprojekte, Arbeitspakete) der Projektstruktur als Diagramm oder Liste".

Ein Projektstrukturplan kann inhaltlich gegliedert sein, z. B. nach:

- Strukturierung der Arbeitsinhalte,
- Festlegung von Teilprojekten,
- Bestimmung der Arbeitspakete,
- Festlegung von Verantwortungs- und Entscheidungsstrukturen,
- Ressourcenzuordnung, Einsatzmittel, Kostenstruktur etc.

Er kann aber auch nach zeitlichen Kriterien erfolgen:

- Abgrenzung der Phasen und
- Setzen von Meilensteinen

Die Erstellung eines Projektstrukturplans ist eine Analyseaufgabe, weil Projektaufgaben in Arbeitspakete zerlegt werden müssen. Sie ist aber auch eine Syntheseaufgabe, weil Einzelaktivitäten sinnvoll zu Arbeitspaketen zusammengeschnürt werden müssen (Birker 2003, S. 59).

Zur Erstellung des Strukturplans wird in einem ersten Schritt eine Aufgabenliste erstellt, die sich an Einzel- und Rahmenzielen orientiert.

lfd. Nr.	Vorgangsnummer	Kennzeichen	Aufgabe	Voraussetzungen	Terminvorgabe	zuständige Stellen	Hinweise zur Dauer	Hinweise zu Kosten	Sonstiges

Tabelle 22: Aufgabenliste (Birker 2003, S. 53).

In einem zweiten Schritt erfolgt, orientiert an Einzelzielen, eine Gliederung in Arbeitspakete, die aufgabenmäßig voneinander abgrenzbar sind und die man bestimmten Stellen oder Personen zuordnen kann.

Gesamtprojekt (GZ)													
Teilprojekt 1 (RZ 1)						Teilprojekt 2 (RZ 2)				Teilprojekt 3 (RZ 3)			
EZ 1.1			EZ 1.2			EZ 2.1		EZ 2.2		EZ 3.1	EZ 3.2		EZ 3.3
Ap. 1.1.1	Ap. 1.1.2	Ap. 1.1.3	Ap. 1.2.1	Ap. 1.2.2	Ap. 1.2.3	Ap. 2.1.1	Ap. 2.1.2	Ap. 2.2.1	Ap. 2.2.2	Ap. 3.1.1	Ap. 3.1.2	Ap. 3.2.1 Ap. 3.2.2	Ap. 3.3.1 Ap. 3.3.2

Abb. 30: Projektstrukturplan (Gliederung eines Gesamtprojekts/Grundsatzziel (GZ) in Teilprojekte/Rahmenziele (RZ), Einzelziele (EZ) und Arbeitspakete (Ap)).

Jedes Arbeitspaket stellt eine definierte Aufgabe dar. Alle Pakete zusammen summieren sich zum gesamten Leistungsumfang des Projekts.

Arbeitspakete beschreiben

Jedes Paket sollte in folgenden Hinsichten definiert sein:

- Ziel, Ergebnis
- Inhalt und Umfang: Welche Aktivitäten gehören dazu?
- Verantwortliche Mitarbeiter, die am Paket beteiligt sind.
- Aufwand: Zeit und Kosten
- Dauer: Zeitraum, in dem das Paket bearbeitet werden kann
- Starttermin
- Vorgänger: An welches andere Paket schließt das Paket an?
- Nachfolger: Welches Paket folgt danach?

Im folgenden Beispiel werden die Arbeitspakete für das EZ „Ausbildungszentrum startfähig machen" vorgestellt, das zum Teilprojekt (RZ) „Aufbau eines Ausbildungszentrums" des Gesamtprojekts (GZ) „Aufbau des sozialpädagogischen Ausbildungszentrums Übungsstadt" gehört.

Lfd Nr.	Bezeichnung
1	Recherche zur praktischen Ausstattung der Räume
2	Planung des voraussichtlichen Bedarfs an Pinnwänden, Flipcharts, Overheadprojektoren etc.
3	Einholen von Kostenvoranschlägen
4	Bestellen
5	Abnehmen der Lieferung

Tabelle 23: Arbeitspakete zu einem Einzelziel am Beispiel: Ausbildungszentrum startfähig machen (vgl. Oltmann 1999, S. 78f.).

Für die Durchführung der einzelnen Arbeitspakete sind dann weitere Angaben wie Tätigkeitsbeschreibung, Hilfsmittelvoraussetzungen etc. notwendig. Hierfür ist die folgende Checkliste hilfreich:

Worin besteht die Aufgabe?		
o		
o		
o		
o		
Von welchen Voraussetzungen/Vorarbeiten hängt der Start des Arbeitspakets ab?		
o		
o		
o		
o		
Verantwortliche(r) für das Arbeitspaket		
Name	Funktion	Telefon/Fax/E-Mail
o	o	o
o	o	o
o	o	o
o	o	o
Beteiligte Personen		
Aus Projektgruppe	Aus anderen Bereichen	Externe

Tabelle 24: Arbeitspaketbeschreibung (vgl. Oltmann 1999, S. 80ff.).

Aufgabe:

Definieren Sie die Arbeitspakete Ihres Projektes:

1. An die Spitze des Plans kommt die Hauptaufgabe, die das gesamte Team betrifft.
2. Darunter werden hierarchisch die Teilaufgaben angeordnet.
3. Dann kommen Sie zu den Aufgaben, die Sie nicht mehr zerteilen können, weil sie sachlich zusammengehören und von der gleichen Person verantwortet werden.
4. Erstellen Sie zunächst einen Entwurf Ihres Plans.
5. Prüfen Sie anschließend alle Elemente hinsichtlich möglicher Lücken.
6. Danach legen Sie den Plan endgültig fest.

Die Strukturierung des Projekts kann wie oben vorgestellt nach Teilobjekten und Tätigkeiten, aber auch nach Phasen oder nach einer Mischung verschiedener Kriterien (gemischter Projektstrukturplan) erfolgen (Birker 2003, S. 56).

Im Folgenden finden Sie verschiedene Projektstrukturpläne für das Beispiel „Teilnahme an der Messe Con Sozial": objektorientiert, tätigkeitsorientiert (beides inhaltlich ausgerichtet), phasenorientiert (zeitlich ausgerichtet) sowie einen gemischt orientierten Projektstrukturplan.

Teilnahme an der Messe Con Sozial		
Messestand:	Standeinrichtung:	Materialausstattung:
o Wände o Beleuchtung	o Stühle o Tische o Info-Stand	o Flyer o Power Point-Präsentation etc.

Tabelle 25: Objektorientierter Projektstrukturplan

Teilnahme an der Messe Con Sozial		
Konstruktion:	Vorbereitung:	Messeaufbau:
o Entwurf o Detailplanung	o Auftragserteilung o Test	o Anlieferung o Montage

Tabelle 26: Tätigkeitsorientierter Projektstrukturplan

Teilnahme an der Messe Con Sozial	
Planung: o Vorstudie o Hauptstudie o Verabschiedung o Detailplanung	Ausführung: o

Tabelle 27: Phasenorientierter Projektstrukturplan

Teilnahme an der Messe Con Sozial		
Messestand: o Planung o Entwurf o Vorbereitung o Mietabschluss o Messeaufbau o Anlieferung	Standeinrichtung: o o o o	Materialausstattung: o o o o

Tabelle 28: Gemischt orientierter Projektstrukturplan

3.2.2 Projektablaufplan

Ein Ablaufplan ist die Dokumentation der logischen und/oder zeitlichen Planung des Projektablaufs. Elemente des Ablaufplans sind Vorgänge, Ereignisse und ihre wechselseitigen Anordnungsbeziehungen.

Im einfachsten Fall kann ein Ablaufplan aus den Einträgen der Terminkalender der Projektbeteiligten bestehen. Die nächste Stufe ist die Terminliste. Sie ist für kleinere Projekte geeignet, in der wenige Vorgänge miteinander verknüpft sind. Es werden die Aktivitäten und jeweiligen Verantwortlichen der Reihe nach aufgeschrieben. Es kann noch eine weitere Spalte zum Abhaken eingetragen werden.

Aufgabe	Verantwortlicher	Termin	√

Tabelle 29: Terminliste

Meilensteinplan

Ein etwas ausgefeilterer Projektablaufplan als die Terminliste ist der Meilensteinplan. Es werden Solltermine der Teilergebnisse geplant. Ein Soll-Ist-Vergleich gibt dann Aufschluss darüber, ob das Projekt im Plan liegt.

Projekttitel:	
Projektnummer:	
Projektmanager:	
Aktuelles Datum:	

Nr.	Meilenstein	Termin (Soll)	Termin (Ist)
MS 1	Projektstart → Projektauftrag	<Datum>	<Datum>
MS 2	Projektplan OK		
MS 3	<Meilenstein>		
MS 4	<Meilenstein>		
MS 5	<Meilenstein>		
MS 6	<Meilenstein>		
MS 7	<Meilenstein>		
MS 8	<Meilenstein>		
MS 9	Projektziele erreicht		
MS 10	Projektende		

Tabelle 30: Meilensteinplan

In strukturierter Form kann ein Ablaufplan zeitlich normiert als Balkendiagramm (Elemente werden gemäß ihrer zeitlichen Abfolge sortiert), handlungsorientiert als Handlungsdiagramm (funktionsorientierte oder objektorientierte Zusammenhänge werden visualisiert) oder logisch strukturiert als Netzplan (die Anordnungsbeziehungen zwischen den Vorgängen werden visualisiert) erstellt werden. Letzterer ist durch eine DIN-Norm definiert.

Die gängigste Form des Ablaufplans ist das zeitlich strukturierte Balkendiagramm.

3.2.2.1 Balkendiagramm

Zur visuellen Veranschaulichung des aktuellen, zeitlichen Projektstands eignet sich das Balkendiagramm. Es erlaubt eine schnelle Erfassung und Gegenüberstellung der Soll- und Ist-Daten und visualisiert die Ablaufstruktur der Arbeitspakete und Vorgänge. Besonders hilfreich ist die Darstellung mit Balken, wenn die Erledigung einer Aufgabe erst nach Abschluss einer anderen in Angriff genommen werden kann. Am linken Rand werden die Aufgaben aufgelistet, die im Diagramm als Balken über der Zeitachse aufgetragen sind. (Antes 2014, S. 53).

Im folgenden Beispiel zeigt der Sollbalken (schwarz) den Planansatz mit Anfang, Ende und Dauer der einzelnen Aufgaben. Ihm wird der Istbalken (grau) gegenübergestellt, der das bisher Geleistete darstellt und rechts der „Heute-Linie" eine Kalkulation (wenn eine solche möglich ist) repräsentiert.

Das Diagramm kann aufgaben- oder personenbezogen erstellt werden.

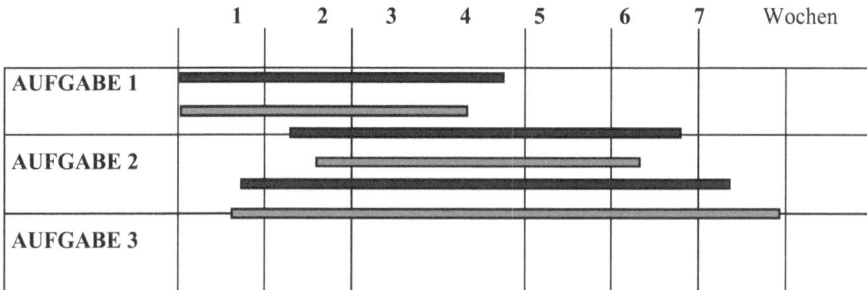

Abb. 31: *Aufgabenbezogenes Balkendiagramm (Antes 2014, S. 53).*

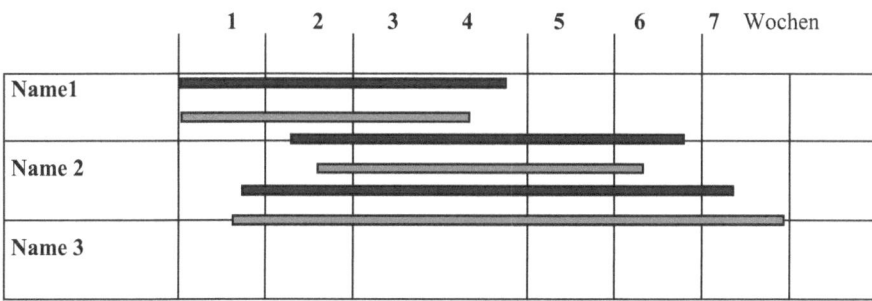

Abb. 32: *Personenbezogenes Balkendiagramm (Antes 2014, S. 53).*

Der Vorteil des Balkendiagramms ist die Terminplanung, sein Nachteil die ggf. irreführende Bewertung der Vorgänge nach ihrer Dauer (lange Dauer muss weder hohen Aufwand noch besondere Bedeutung ausdrücken, z. B. Wartezeiten).

3.2.2.2 Handlungsplan

Im Handlungsplan wird festgelegt, welche Aufgaben zu erledigen sind, und wer sie bearbeiten soll.

SITUATIONSBEISPIEL:

> „Zwei junge Familien mit Kindern und drei alleinstehende Personen verstehen sich gut und möchten zusammenziehen. Ein schwieriges Unterfangen. Nach vielen Gesprächen, einer sorgfältigen Marktbeobachtung und mehreren Beratungsterminen wird ein Bauernhof in Ortsrandnähe gesucht. Er muss genügend Raum bieten, um ein gemeinsames aber dennoch privates Zusammenleben zu ermöglichen, mit öffentlichen Verkehrsmitteln noch erreichbar sein und Platz für eventuelle Erweiterungen bieten. Nach einjähriger Suche wird ein stark sanierungsbedürftiges Anwesen gefunden." (Antes 2014, S. 29).

3 Phase 2: Projekte planen

| Worum es geht: .... ||||||||
Was ist zu tun?	Wer macht es?	Wer hilft?	Wann?	Wo?	Ergebnis vorlegen: Wann-wo-wie-von wem?	Beachte: Behinderungen, Störungen, Risiken, Kosten

Tabelle 31: Handlungsplan

Arbeitsauftrag:
- Jeder Teilnehmer erhält ein Exemplar zum Ausfüllen.
- <u>Alternative</u>: Gemeinsame Bearbeitung als Metaplan-Plakat.
- <u>Anleitung</u>: Zuerst gemeinsam die erste Spalte bearbeiten, danach zeilenweise ausfüllen.

In einem zweiten Schritt wird die zeitliche Reihenfolge der Aufgabenerledigung festgelegt. Für das Beispiel entsteht ein Projektablaufplan:

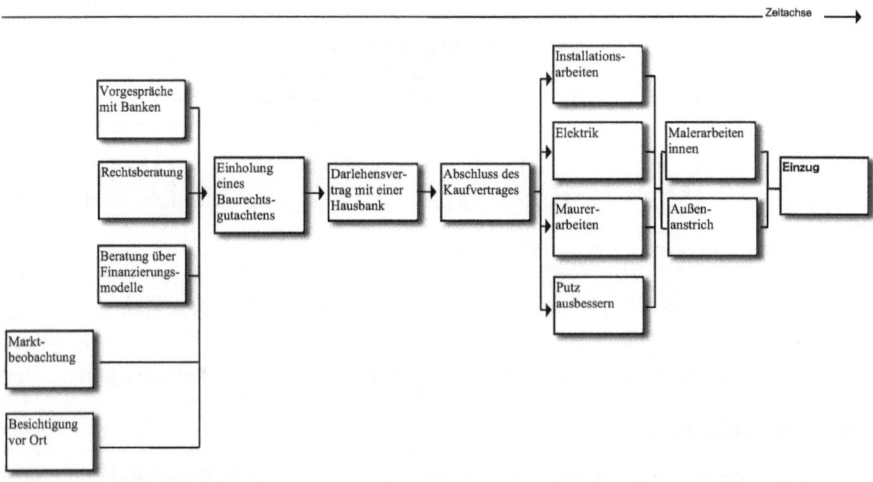

Abb. 33: Projektablaufplan (Antes 2014, S. 34).

3.2.2.3 Netzplan

Die Netzplantechnik (NPT) kommt in der Sozialwirtschaft bei größeren Projekten zum Einsatz. Mit dieser Technik werden die zeitlichen und inhaltlichen Beziehungen zwischen Ereignissen (Meilensteinen) und Vorgängen (Arbeitspaketen) in einem Projekt dargestellt. Ereignisse werden durch einen Knoten und Arbeitspakete durch Pfeile symbolisiert.

Für die Darstellung der Beziehungen werden die Symbole der Flussdiagrammtechnik benutzt:

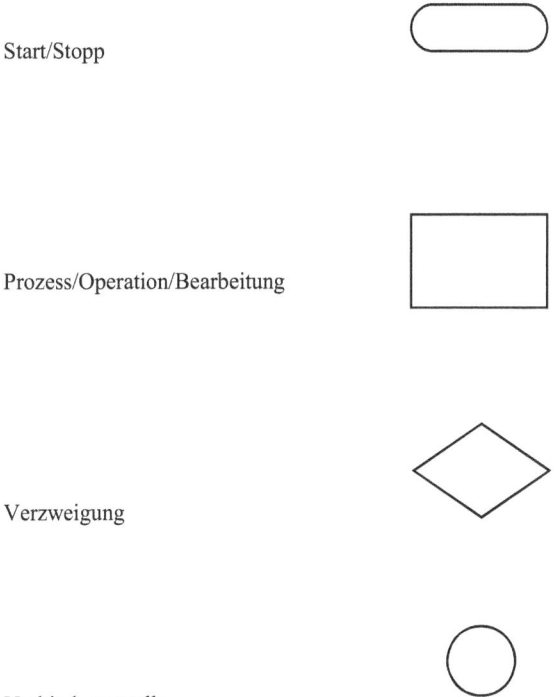

Start/Stopp

Prozess/Operation/Bearbeitung

Verzweigung

Verbindungsstelle

Im Folgenden werden die Schritte, die bei der Erstellung eines Netzplans zu beachten sind, als Ablaufplan in Form eines Flussdiagramms dargestellt.

3 Phase 2: Projekte planen

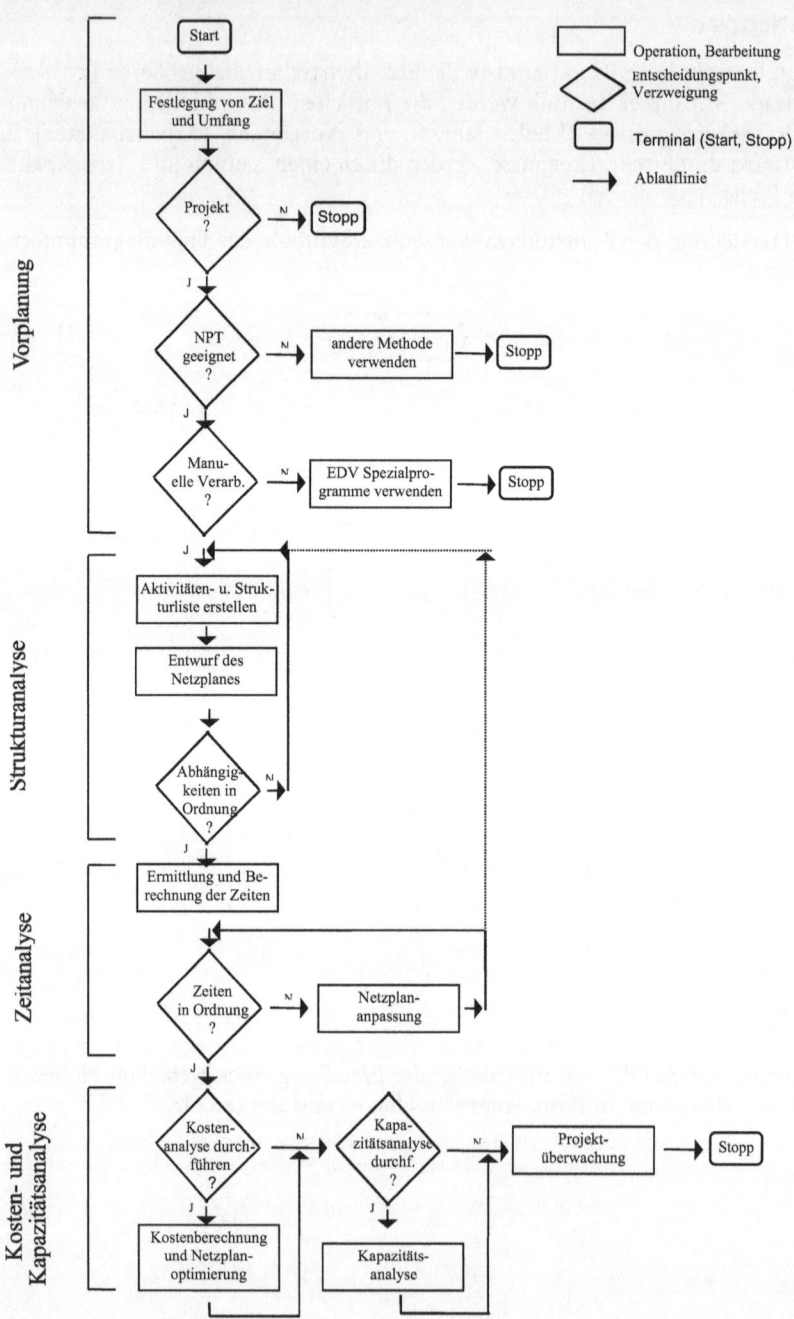

Abb. 34: Ablaufplanung (Reichard 1987, S. 113).

Analysephase (Struktur- und Zeitanalyse)

Der eigentlichen Netzplanerstellung sind die Schritte der Struktur- und Zeitanalyse vorgelagert.

Strukturanalyse

Im Rahmen der Strukturanalyse wird das Projekt in die zu seiner Durchführung erforderlichen Arbeitsvorgänge zerlegt. Die für wichtig erachteten Vorgänge werden in einer **Vorgangsliste** zusammengestellt, wie im Folgenden vereinfacht dargestellten Beispiel Ausbildungsprojekt: Bei diesem Projekt ist die Gestaltung der Räume, in denen ausgebildet wird, zugleich Gegenstand der Ausbildung.

Vorgangs-nummer	Vorgänge	Vorgänger	Nachfolger
1	Einstellung des Projektleiters		2, 3, 5, 6
2	Anmietung von Räumlichkeiten	1	8
3	Einstellung der Ausbilder	1	4
4	Schulung der Ausbilder	3	7
5	Erstellung eines Ausbildungsplans	1	7
6	Abschluss von Ausbildungsverträgen	1	7
7	Durchführung der Ausbildung	4, 5	9
8	Gestaltung der Räumlichkeiten	2	8
9	Vorbereitung auf die Abschlussprüfung	7, 8	9

Tabelle 32: Vorgangsliste (Beispiel Ausbildungsprojekt).

Als nächster Schritt erfolgt die **Ermittlung der Abhängigkeiten zwischen den Vorgängen** und in Folge die Erarbeitung einer **Strukturliste**, aus der folgende Angaben ersichtlich sein sollen:

1. Welche Tätigkeiten müssen *unmittelbar vor* dem betrachteten Vorgang beendet sein?
2. Welche Tätigkeiten können *unmittelbar nach* diesem Vorgang begonnen werden?

Vorgangs-nummer	Vorgänge	Vorgänger	Nachfolger
1	Einstellung des Projektleiters		2, 3, 5, 6
2	Anmietung von Räumlichkeiten	1	8
3	Einstellung der Ausbilder	1	4
4	Schulung der Ausbilder	3	7
5	Erstellung eines Ausbildungsplans	1	7
6	Abschluss von Ausbildungsverträgen	1	7
7	Durchführung der Ausbildung	4, 5	9
8	Gestaltung der Räumlichkeiten	2	8
9	Vorbereitung auf die Abschlussprüfung	7, 8	9

Tabelle 33: *Strukturliste (Beispiel Ausbildungsprojekt).*

In einem ersten, provisorischen Strukturplan werden die ermittelten Abhängigkeiten visualisiert. Dieser kann wie folgt aussehen:

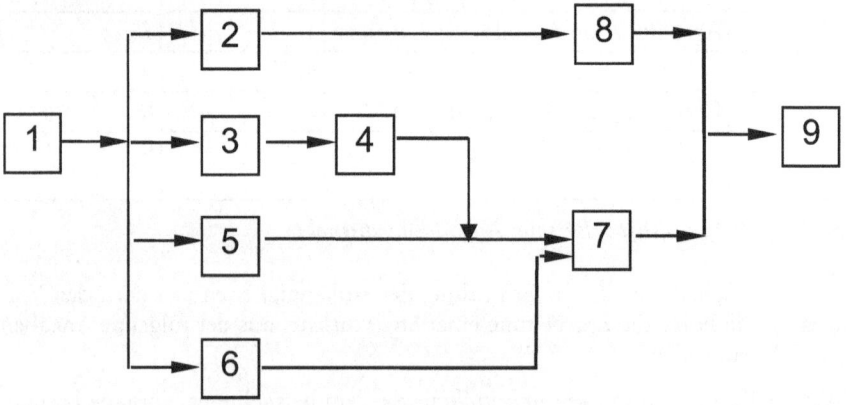

Abb. 35: *Strukturplan*

Zeitanalyse

Im Rahmen der Zeitanalyse wird die zeitliche Dauer und der früheste bzw. späteste Anfangs- bzw. Endtermin für jeden Vorgang geschätzt. Es ergibt sich eine Zeitliste:

Vorgangsnummer	Zeitdauer in Wochen
1	1
2	2
3	2
4	2
5	4
6	2
7	100
8	156
9	12

Tabelle 34: Zeitliste

Bei der Zeiteinschätzung sollte man zuverlässig planen.

Eine Möglichkeit, um mit unvorhergesehenen Zeitverzögerungen umzugehen und somit Risiken in zeitlicher Hinsicht aufzufangen, ist die Einplanung von Pufferzeiten:

Pufferzeiten entstehen aus der Differenz des frühesten Anfangs- und Endtermins und des spätesten Anfangs- und Endtermins eines jeden Vorganges. Bei einigen Vorgängen ergibt sich eine Pufferzeit von null. Wenn an diesen Vorgängen Zeitverzögerungen auftreten, wird sich das gesamte Projekt zeitlich verzögern, wenn nicht bei nachfolgenden Vorgängen Zeiteinsparungen möglich sind. Folglich werden diese Vorgänge als kritische Vorgänge bewertet. Sie markieren den kritischen Weg eines Projekts.

Kritischer Weg = Weg im Netzplan, auf dem die Summe aller Pufferzeiten minimal ist.

Terminplanung:

Der Endtermin eines Projekts kann aus der Zeitliste abgeleitet werden, wenn der Starttermin vorgegeben ist (progressive Terminplanung). Entsprechend kann man, wenn der vorgesehene Endtermin feststeht, durch Rückwärtsrechnung den spätesten Starttermin errechnen (retrograde Terminplanung). (Birker 2003, S. 63).

> Bei dieser Art der Terminplanung wird davon ausgegangen, dass Material und Kapazitäten ausreichend zur Verfügung stehen. Wenn es hier Beschränkungen gibt, müssen diese im Terminplan berücksichtigt werden. Wenn der Terminplan den vorgesehenen Zeitrahmen sprengt, ist eine Modifizierung der Zeitplanung vorzunehmen, oder es sind andere umsetzungsfähigere Zeitrahmen zu diskutieren, die eine kürzere Projektzeit erlauben.
> - Wenn der **Termin höhere Priorität** hat, müssen ggf. mehr Ressourcen zur Zielerreichung zur Verfügung gestellt werden.
> - Wenn die **Ressourcenebene höhere Priorität** hat, muss man sich auf einen anderen Endtermin einstellen.
> - Wenn die **Termine** inhaltlich miteinander in **Beziehung** stehen, muss ein Strukturplan entwickelt werden (siehe oben). Denn wenn wichtige Vorläufe nicht erfolgen, können bestimmte Teilprojekte nicht in Angriff genommen werden. (Birker 2003, S. 64).

Neben den Kosten interessiert häufig am meisten die Frage, wann das Projekt fertig ist. Die Termine für Aktivitäten, Zwischenergebnisse oder Meilensteine orientieren sich auch an der Kapazitätenplanung. Ziel ist es, den gewünschten Termin und die verfügbaren Kapazitäten optimal aufeinander abzustimmen. Wenn Verzögerungen im Terminablauf eintreten, liegen an anderer Stelle Kapazitäten brach.

Synthesephase (Erstellung des Netzplans)

In der Synthesephase erfolgt die eigentliche Erstellung des Netzplans. Hierfür stehen verschiedene Techniken und Verfahrensvarianten zur Verfügung. Netzpläne können bspw. als:

- Ereignisknoten-Netzplan (Programme **Evaluation** and Review Technique (PERT)),
- Vorgangspfeil-Netzplan (Critical Path-Methode (CPM)),
- Entscheidungsknoten-Netzplan (Graphical **Evaluation** and Review Technique (GERT)) oder als
- Vorgangsknoten-Netzplan (Precedence Diagramming Method (PDM)) erstellt werden.

Im Folgenden wird die Darstellungsform des Vorgangsknoten-Netzplans (Precedence Diagramming Method (PDM)) gewählt.

Hier steht das Ereignis, der Meilenstein oder Knoten, im Mittelpunkt der Betrachtung. Es hat sich die folgende Darstellungsform der Knoten bewährt:

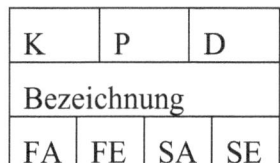

K= Kennziffer des Vorgangs
P= Pufferzeit (kritische Vorgänge, bei denen die Pufferzeit = 0 ist, werden durch Schwärzung bzw. Durchkreuzen dieses Feldes gekennzeichnet)
D= Vorgangsdauer
FA= Frühestmöglicher Anfang des Vorgangs
FE= Frühestmögliches Ende des Vorgangs
SA= Am spätesten erlaubter Anfang des Vorgangs
SE= Am spätesten erlaubtes Ende des Vorgangs

Abb. 36: Meilenstein (Reichard 1987, S. 119).

Die **Zeitberechnung** bei der Darstellung im Vorgangsknoten-Netzplan geschieht in zwei Richtungen:

1. Berechnung der jeweils frühestmöglichen Anfangs- und Endzeitpunkte der Vorgänge durch eine progressive (vorwärtsschreitende) Rechnung sowie
2. Berechnung der jeweils später erlaubten Anfangs- und Endzeitpunkte durch eine retrogade (rückwärtsschreitende) Berechnung des Netzplanes.

Vorwärtsrechnung: FA des ersten Vorgangs = 0, bei allen anderen Vorgängen = FE des vorhergehenden Vorgangs.
FE = FA + D

Rückwärtsrechnung: Bei letztem Vorgang: FE = SE; bei allen anderen Vorgängen SE = SA des nachfolgenden Vorgangs.
SA = SE – D (...)

Sind auf diese Weise alle Zeitangaben für die Vorgänge eines Projekts bestimmt worden, sind lediglich noch, soweit vorhanden, die Pufferzeiten einzutragen, indem die Zeitdifferenzen zwischen frühesten und spätesten Anfangs- bzw. Endterminen der Vorgänge festgestellt werden. Außerdem ist der kritische Weg als Verbindung aller kritischen, d. h. pufferzeitlosen, Vorgänge zu kennzeichnen.

Es ergibt sich die folgende Darstellung. Die fett ausgezogene Linie kennzeichnet den kritischen Weg.

3 Phase 2: Projekte planen

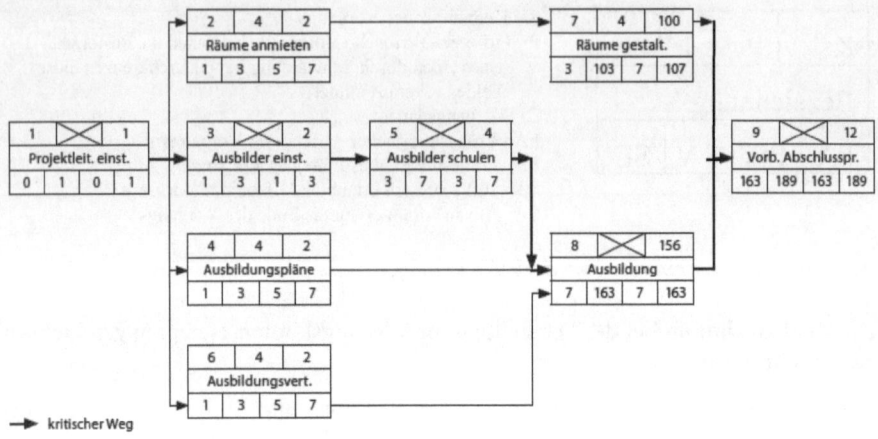

→ kritischer Weg

Abb. 37: Vorgangsknotennetzplan

Die Anwendung der Netzplantechnik ist sicherlich mit einem gewissen Aufwand verbunden. Dieser Nachteil wird aber durch eine Fülle von Möglichkeiten mehr als aufgewogen.

Möglichkeiten und Grenzen der Netzplantechnik

Möglichkeiten	Grenzen bzw. Probleme
Bessere Terminplanung, Koordination, Mittelauslastung bei vielschichtigen Großprojekten und komplexen Einzelaufgaben	Grundregeln zwar einfach, aber zum Beherrschen der Technik viel Übung nötig.
Zeit- und Kosteneinsparungen wegen genauerer Planung möglich	Strukturanalyse erweist sich oft als sehr schwierig, da die Beteiligten unterschiedliche Auffassungen über den Projektverlauf haben.
Zeitlicher Verlauf der Projekte kann in jedem gewünschten Detaillierungsgrad grafisch dargestellt werden.	
Zwang zu genauerem Durchdenken des Projekts, Verringerung der Projektkomplexität durch Konzentration auf „kritische" Vorgänge	
Auswirkungen von Störungen auf das Gesamtprojekt sind schnell erkennbar.	

Möglichkeiten	Grenzen bzw. Probleme
Stand des Projekts schnell und genau überprüfbar	
Einfachheit und schnelle Erlernbarkeit der Grundregeln	
Klare Festlegung der Verantwortung und, damit verbunden, größere Disziplin bei der Termineinhaltung	

Tabelle 35: (Möglichkeiten und Grenzen der Netzplantechnik, Reichard 1987, S. 123).

Wenn der zeitliche Ablauf feststeht, erfolgt als Nächstes die Planung der notwendigen Ressourcen und der entstehenden Kosten. Dies ist Aufgabe der Kapazitäts- und Kostenplanung.

3.2.3 Kapazitätsplanung

Im Rahmen der Kapazitätsplanung werden in einem ersten Schritt die benötigten Ressourcen erfasst. Hierzu werden für jedes Arbeitspaket die benötigten Kapazitäten bspw. nach folgenden Kriterien aufgelistet:

- Personal
- Sachmittel
- Räume

Dann wird für jedes Arbeitspaket ermittelt, welche Kapazitäten in der Gruppe vorhanden sind, welche zusätzlichen Kapazitäten aus der Organisation benötigt werden, bzw. von außen eingekauft werden müssen.

Aufgabe	Kapazität Projektgruppe (Pers.-Tage)	Kapazität Zuarbeiten (Pers.-Tage)	Fremdleistungen (TEUR)	Sachkosten (TEUR)

Tabelle 36: Sollkapazitäten und -kosten (Oltmann 1999, S. 87).

> **Darauf sollten Sie achten:**
> - Planen Sie die Kapazitäten ein, die tatsächlich vorhanden sind.
> - Berücksichtigen Sie auch unproduktive Zeiten: Ein Achtstundentag hat höchstens 6 produktive Stunden.
> - Berücksichtigen Sie den Aufwand für Besprechungen.
> - Gestehen Sie mehrfach belasteten Mitarbeitern kreative Pausen zu.
> - Für unvorhergesehene Ausfallzeiten (Krankheit) und andere Überraschungen sollten Sie 3–5% der vorhandenen Kapazitäten abziehen.
>
> (Litke/Kunow/Schulz-Wimmer 2018, S. 80).

3.2.4 Kostenplanung

Aus dem Bedarf, der durch die Kapazitätsschätzung für jedes Arbeitspaket bestimmt wurde, können die gesamten Projektkosten hochgerechnet werden. Dies ist Aufgabe der Kostenplanung, die den einzelnen Aufgaben die voraussichtlichen Kosten zuordnet.

Es werden

- Personalkosten,
- Sachkosten,
- Fremdkosten (z. B. Marketingkosten etc.) und
- ggf. Reisekosten und Spesen

kalkuliert.

Nr.	Aufgabe	Beteiligte aus der Projektgruppe		Beteiligte aus anderen Bereichen		Kosten	
		Name	Kap. (Personen-Tage)	Name	Kap. (Personen-Tage)	Fremdleistungen (EUR)	Sachkosten (EUR)
	Recherche zur Ausstattung des Ausbildungszentrums	Müller (Arbeitspaketverantwortlicher)	½ PT				
		Meyer (Hausinterner Trainer)	½ PT				
				Schulze (Personalabteilung)	¼ PT		
				zukünftige Nutzer des Zentrums			

					Innenarchitekt 1000 EUR	
					Porto Bewirtung 200 Euro	
Summe: Personentage						
Summe: Kosten (Fremdleistungen, Sachleistungen)						

Tabelle 37: Aufgabenkalkulation am Beispiel „Recherche zur praktischen Ausstattung der Räume" im Rahmen des Arbeitspakets „Das Ausbildungszentrum des Ausbildungs- und Beschäftigungsträgers Übungsstadt startklar machen" (angelehnt an Oltmann 1999, S. 88f.).

Damit man nicht zu knapp kalkuliert, sollten finanzielle Puffer (sogenannte Dummy-Positionen) in der Projektkalkulation berücksichtigt werden.

Die Aufgabenkalkulationen werden zu Arbeitspaketkalkulationen und diese zu Teilprojektkalkulationen zusammengefasst:

Kapazitäts- und Kostenplanung eines Teilprojekts						
Nr	Planungstoleranz %	Personalressourcen			Sachressourcen	
	Arbeitspaket	Projektgruppe (PT)	Externe Personen (PT)	Fremdleistungen (TEUR)	Sachkosten (TEUR)	
Summe:						

Tabelle 38: Kapazitäts- und Kostenplanung eines Teilprojekts (Oltmann 1999, S. 103).

Die Kapazitäts- und Kostenplanung des Gesamtprojekts ergibt sich als Zusammenfassung der Teilprojektkalkulationen und kann bspw. nach folgendem Muster aufgestellt werden:

Kapazitäts- und Kostenplanung des Gesamtprojekts			
Personal Ressourcen	Projektgruppe	Externe	Summe
Ist-Analyse	Tage	Tage	Tage
Soll-Analyse	Tage	Tage	Tage
Maßnahmenplanung	Tage	Tage	Tage
Umsetzung	Tage	Tage	Tage
Ergebniskontrolle	Tage	Tage	Tage
Summe	Tage	Tage	Tage
Fremdleistungen und Sachkosten	Fremdleistungen, z. B. externe Planungen, Gutachten usw.	Sachkosten, z. B. Anschaffungen, Bauleistungen usw.	Summe
Ist-Analyse	TEUR	TEUR	TEUR
Soll-Analyse	TEUR	TEUR	TEUR
Maßnahmenplanung	TEUR	TEUR	TEUR
Umsetzung	TEUR	TEUR	TEUR
Ergebniskontrolle	TEUR	TEUR	TEUR
Summe	TEUR	TEUR	TEUR

Tabelle 39: Zusammenfassung der Kalkulationsergebnisse (Oltmann 1999, S. 107).

Die Kostenplanung im vorgestellten Beispiel orientiert sich an einer detaillierten Kalkulation der Aufgaben, Arbeitspakete und Teilprojekte. Diese Vorgehensweise ist bei großen und unüberschaubaren Projekten zu empfehlen. Bei kleineren Projekten bietet sich eine Gesamtkostenplanung an, die sich bspw. lediglich an den Faktoren interne/externe Leistungserbringung und den Kriterien Personal-, Sach- und Kapitalkosten orientiert.

Kapazitäts- und Kostenplanung		
Personalkosten	PersTage	EUR
Projektleiter		_____
+ Arbeitspaketverantwortliche		_____
+ Ständige Mitarbeiter		
Zeitweilig Beteiligte (Steuerungsgremium, Projektbegleitung)		_____
= Interne Personalkosten		_____
+ Externe Unterstützung		_____
= Personalkosten		_____
Sachgemeinkosten		
Anteilige Sachkosten (Miete, Pacht, Heizung, Gas, Strom, Wasser, Versicherungen, Steuern, Beiträge, Fahrzeugkosten)		_____
+ Interne projektspezifische Sachkosten		
(Werbung, Reisekosten, Repräsentation, Bürobedarf, Telefon)		_____
+ Externe projektspezifische Sachkosten		
Beratung		
Steuerberatung,		
Rechtsberatung,		
Buchführung		_____
= Sachgemeinkosten gesamt		_____
Hinzu kommen die anteiligen Kapitalkosten		
Anteilige Zinskosten		
Die Zinskosten werden vereinfacht berechnet als Fremdkapital x durchschnittlicher Zinssatz:		_____
Anteilige Abschreibungen		
$\dfrac{\text{Anschaffungskosten}}{\text{durchschnittliche Nutzungsdauer}} = $ Abschreibungen in EUR/Jahr		_____

Tabelle 40: Gesamtkapazitäts- und -kostenplanung eines kleineren Projekts

3 Phase 2: Projekte planen

Fragen zu Kapitel 3:
1. Was ist der Unterschied zwischen einem Ziel und einer Maßnahme?
2. Was verstehen Sie unter dem Begriff Reframing?
3. Warum ist es wichtig, Ziele in Teilziele zu gliedern?
4. Was verstehen Sie unter einer Zielpyramide?
5. Wie können Ziele bewertet werden?
6. Was ist Aufgabe der Machbarkeitsprüfung?
7. Was ist den Ideenfindungstechniken Brainstorming und Brainwriting gemeinsam?
8. Was ist die Aufgabe eines Projektstrukturplans?
9. Was verstehen Sie unter einem Arbeitspaket?
10. Nach welchen Aspekten können Projektstrukturpläne gegliedert werden?
11. Was verstehen Sie unter einem Projektablaufplan?
12. Was ist Kernbestandteil des Balkendiagramms?
13. Was ist Kernbestandteil eines Handlungsplans?
14. Was ist Kernbestandteil der Netzplantechnik?
15. Was verstehen Sie unter einer Kapazitäts- und Kostenplanung?

4 Phase 3: Projekte umsetzen

Nachdem auf der Planungsebene Ziele bestimmt und Struktur-, Ablauf-, Kapazitäts- und Kostenpläne erstellt worden sind, geht es nun darum, die Umsetzung zu steuern.

In einem ersten Schritt wird handlungsorientiert festgelegt, wer welche Aufgaben zu erledigen und zu bearbeiten hat. Es werden Verantwortungen festgelegt und Personen bestimmt, die die Verantwortung für die Ziele und Maßnahmen tragen. Das Projektmanagement hat hierbei die Aufgabe, das Team zu führen, zu motivieren und ggf. auftretende Konflikte zu lösen. Ein wichtiges Instrument sind regelmäßige und zielgerichtete Meetings.

In einem zweiten Schritt werden Instrumente der Projektüberwachung, des Monitorings und Controllings installiert, um die Fortschritte des Projekts zu kontrollieren, Planabweichungen aufzuzeigen und rechtzeitig Gegenmaßnahmen einleiten zu können.

4.1 Kick-off-Veranstaltung

Insbesondere größere Projekte sollten mit einer offiziellen Auftaktveranstaltung beginnen. Diese sogenannten Kick-off-Veranstaltungen dienen nach innen der Information und Motivation der Projektmitarbeiter. Bestandteile der Veranstaltung können die Präsentation von Hintergründen, die Vorstellung der Zielsetzung und Inhalte des Projekts und die Vorstellung des Teams sein. Offene Fragen oder kritische Punkte sollten ausgeräumt, Regeln der konstruktiven Zusammenarbeit geklärt und die Grobplanung des Projektes weiter konkretisiert werden.

Kick-off-Veranstaltungen dienen nicht nur als Kommunikations- und Informationsinstrument nach innen, sondern auch als Marketinginstrument nach außen, um die Öffentlichkeit zu informieren und um Unterstützung von außen für das Projekt zu sichern.

So gestalten Sie die Kick-off-Veranstaltung:
- Laden Sie das ganze Team ein.
- Fragen Sie die Teammitglieder: Was erwarten Sie von diesem Projekt? Was erhoffen Sie sich von der Teamarbeit?
- Ein Ziel des Kick-off-Meetings ist, dass danach alle Beteiligten auf dem gleichen Informationsstand sind.
  - Bearbeiten Sie aber auf dieser Sitzung noch keine konkreten Aufgaben.
  - Einigen Sie sich auf die Regeln der Zusammenarbeit.
  - Bringen Sie noch keine Probleme auf den Tisch.

4 Phase 3: Projekte umsetzen

Abb. 38: Kick-off-Veranstaltung für das EQUAL-Projekt Fempowerment (Quelle: www.abzwien.at).

4.2 Verantwortlichkeiten festlegen

Zur Einleitung der Projektumsetzung gehört die Festlegung von Verantwortlichkeiten. Das heißt, es müssen Personen bestimmt werden, die die Verantwortung für die Ziele und Maßnahmen tragen.

> Hinter jedem Ziel und jeder Maßnahme muss der Name einer Person stehen.
> *Leitfragen: wer, bis wann, in welcher Weise, was?*
> - Wer muss in die Realisierung einbezogen werden?
> - Wer muss bis spätestens wann und in welcher Weise über den Projektverlauf informiert werden?
> - Wer braucht welche Informationen, welche Werkzeuge und welches Training, damit er die Projektziele und ihre Realisierung und deren Konsequenzen versteht und einen aktiven Beitrag leisten kann? (Malik 2019, S. 218f.).
>
> Des Weiteren müssen Termine, Kosten und kritische Bereiche aufgelistet werden. Hierfür ist die folgende Checkliste hilfreich:

4 Phase 3: Projekte umsetzen

Projektplan – Umsetzung								
Projektplan		Projekt/ Bereich:						
Tag:	Zeichen:							
Nr.	Einzelmaßnahme	Verantwortlich/ Bereich	Termin	Kosten	Kritischer Bereich		Priorität	Nach Bearbeitung an

Tabelle 41: Überblick über Einzelmaßnahmen, Verantwortlichkeiten, Termine, Kosten und kritische Bereiche

Die obige Checkliste ist für Großprojekte geeignet, da sie für jedes Teilprojekt Einzelmaßnahmen, Verantwortlichkeiten, Termine, Kosten und kritische Bereiche detailliert erfasst. Für kleinere Projekte ist das folgende Formblatt hilfreich:

Wie heißt das Projekt?	Projekttitel:
Wer soll moderieren?	Moderator:
Wer arbeitet mit?	Projektteilnehmer:
Was soll erreicht werden?	Zielsetzung:
Was soll getan werden?	Aufgabenstellung:
Was soll beim Projektabschluss vorliegen?	Zu erarbeitende Ergebnisse:

Welche Ressourcen stehen zur Verfügung?	Budget:	
	finanziell, personell	
Welche Vorarbeiten können genutzt werden?	Rahmenbedingungen:	
	technische,	
	sonstige Hilfsmittel	
Bis wann, was?	Termine, Meilensteine:	
	Auftraggeber:	Moderator:

Tabelle 42: Formblatt zur Projektsteuerung für kleine Projekte (Boy, Dudek, Kuschel 2003, S. 51).

4.3 Monitoring

Ein Projektmanager sollte seine Projektziele und ihre Realisierung genauso betrachten, wie ein Terrier seine Beute behandelt, d. h., er sollte sie nicht aus den Augen lassen und der Sache ständig nachgehen. (Malik 2019, S. 220).

Die Projektbegleitung oder -beobachtung, das Monitoring, liefert wichtige Grundlagen für das Management des Projekts. Zum Monitoring gehören:

- die Situations- und Problembeobachtung, insbesondere
- die Beobachtung der Verhaltensweisen der Projektbeteiligten, um einen möglichen Handlungsbedarf zu ermitteln.

Projektstatusberichte

Als Hilfsmittel bieten sich Projektstatusberichte an, um den Stand der momentan relevanten Arbeitspakete, Teilergebnisse, Kosten, Termine und Planabweichungen darzustellen.

Projektstatusbericht		Stand Datum
Projekt		
Projektphase		
Kurzübersicht (Ampel)	● ○ ●	Charakterisierung des Projekts als Rot = kritisch Gelb = angespannt Grün = ohne Probleme
Stand der laufenden Arbeiten		
Projektergebnisse		
– fertiggestellt		
– in Arbeit		
offene Punkte		
Kosten		
Termine		
Projektteam		
Entscheidungs-, Handlungsbedarf		
Problemmeldung/Projektsituation		
empfohlenes weiteres Vorgehen		
weitere Bemerkungen		
Unterschrift Projektleiter		

Tabelle 43: Projektstatusbericht (Quelle: Haunerdinger/Probst 2012).

Projektstatusberichte liefern schnelle und zuverlässige Aussagen über den aktuellen Stand des Projekts.

- „Grün" bedeutet, dass das Projekt innerhalb des geplanten Rahmens verläuft,
- „Gelb", dass die Fortschreibung des Projektverlaufs zu nicht erlaubten Abweichungen führen wird und
- „Rot" bedeutet, dass Vereinbarungen bereits verletzt wurden.

Projektstatusberichte können auch mündlich vor dem Projektteam präsentiert werden. Das Projektmanagement gibt vor, in welchen Abständen bzw. zu welchen Ereignissen ein Projektstatusbericht angefertigt werden muss.

Das Monitoring kann sich aber auch detaillierter, ähnlich wie das quantitative Controlling an Indikatoren orientieren und basiert dann auf einer nach Themenkreisen gegliederten Liste von Einzelindikatoren.

Doch ein Monitoring, das sich nur auf aufbereitete Informationen, also auf mündliche oder schriftliche Berichte stützt, greift in der Regel zu kurz. Auch der beste Bericht enthält nur das, was der Berichterstatter sehen und wonach er fragen kann. D. h., die Zuverlässigkeit und Realitätstreue von Berichten ist durch die Wahrnehmungsweisen des Berichterstatters eingeschränkt. Des Weiteren können viele Dinge gar nicht in eine Berichtsform gebracht werden.

Projektmanager müssen sich vergewissern, dass die Dinge auch wirklich getan werden, wenn sie kein großes Risiko eingehen wollen. Das geht nur, indem sie sich vor Ort informieren, also hingehen und sich die Projektumsetzung anzuschauen.

Monitoring = Sich vergewissern, dass die Dinge auch wirklich getan werden.

4.4 Controlling

Unter Projekt-Controlling werden laut DIN 69901-5 die „Sicherstellung des Erreichens aller Projektziele durch Ist-Datenerfassung, Soll-Ist-Vergleich, Analyse der Abweichungen, Bewertung der Abweichungen gegebenenfalls mit Korrekturvorschlägen, Maßnahmenplanung, Steuerung der Durchführung von Maßnahmen" verstanden.

Das Projekt-Controlling umfasst Informations-, Planungs- und Kontrollaktivitäten, die den Projektverlauf zielgerichtet beeinflussen, steuern oder regeln können. Es werden projektrelevante Daten erfasst (Ist-Analyse) und mit den Soll-Daten verglichen (Soll-Ist-Abgleich).

Abweichungen werden festgestellt und bewertet. Anschließend werden – orientiert am Modell eines kybernetischen Regelkreises – Maßnahmen eingeleitet und überwacht, um das Projektziel zu erreichen.

Zu beachten ist, dass in vielen sozialen Projekten Controlling-Prozesse schwierig sind, da die Ziele oftmals unscharf und nicht eindeutig messbar sind.

Das entscheidende „Werkzeug" des Controllers ist die Beschaffung, Aufbereitung und Verarbeitung von projektrelevanten Informationen. Die einfachste Form des Projekt-Controllings ist der Soll-Ist-Vergleich. In ihm werden die Abweichungen der Ist-Werte (z. B. Ist-Kosten, Ist-Arbeitszeit, Ist-Arbeitsmenge usw.) von den entsprechenden Soll-Werten zu einem bestimmten Termin festgestellt.

Das Controlling wertet allerdings nicht nur den bisherigen Projektablauf aus, sondern auch zukunftsorientierte Daten. Die Bewertung des Controllers beantwortet folglich die Fragen: Was wurde bisher erreicht und wie lange brauchen wir noch?

CONTROLLING

- Erfassung der Ist-Daten
- Vergleich mit den Soll-Daten

- Abweichungen feststellen und bewerten
- Mitwirken bei der Einleitung von Gegenmaßnahmen und ihrer Überwachung

Das Projekt-Controlling im sozialen Bereich sollte eine quantitative, betriebswirtschaftliche und eine qualitative, inhaltliche Ebene beinhalten:

- Auf der quantitativen Ebene geht es insbesondere um die Überwachung des Arbeitsfortschritts, d. h. um die Erreichung von Zielen und die Einhaltung des Termin-, Kapazitäts- und Kostenrahmens.
- Auf der qualitativen, inhaltlichen Ebene geht es schwerpunktmäßig um Fragen der Qualitätssicherung.

4.4.1 Quantitatives Controlling

Projektfortschritte sind messbar, wenn berechenbare Kriterien für die Zielerreichung bestehen. Diese liegen bspw. vor, wenn man Kosten für Arbeitspakete vergleichen kann, bspw. die geplanten mit den tatsächlich anfallenden Kosten. Weiterhin können geplante und tatsächlich eingehaltene Termine verglichen werden. Auch Zwischenergebnisse können verglichen werden.

4.4.1.1 Ist-Analyse und Soll-Ist-Abgleich

Die Ist-Analyse und der Soll-Ist-Abgleich sind die Grundlage des quantitativen Projekt-Controllings. Es werden Ist-Werte erfasst und Abweichungen von den entsprechenden Soll-Werten (z. B. zu den Kosten, der Arbeitszeit, der Arbeitsmenge usw.) zu einem bestimmten Termin festgestellt. Hierfür ist die folgende Checkliste hilfreich:

	Wie ist der Arbeitsfortschritt in erreichten Phasen?	
		Bemerkungen
Planung		
Realisierung		

	Wie ist der Arbeitsfortschritt in abgeschlossenen Arbeitspaketen?	
		Bemerkungen
Planung		
Realisierung		

	Wie ist der Arbeitsfortschritt in abgeschlossenen Aktivitäten?	
		Bemerkungen
Planung		
Realisierung		

Tabelle 44: Soll-Ist-Abgleich (Oltmann 1999, S. 127f.).

4.4.1.2 Meilensteine

Auch Meilensteine haben eine wichtige Controllingfunktion, da sie die Zwischenetappen eines Projekts definieren. So stellt die Beendigung einer Projektphase einen Meilenstein dar, bei dem entschieden wird, ob die nächste Phase begonnen werden kann, Nachbesserungen vorgenommen müssen oder im Extremfall das Projekt abgebrochen werden muss.

Meilensteine dienen der Überwachung des Projektfortschrittes.

Wenn Teilziele oder Termine nicht erreicht wurden oder nicht erreicht werden können, müssen Sie steuernd eingreifen.

Spezielle Controllinginstrumente wie die Meilensteintrendanalyse untersuchen, wie zuverlässig in der Vergangenheit Meilensteine eingehalten wurden, und leiten davon ab, wie vermutlich in der Zukunft Meilensteine termingerecht eingehalten werden.

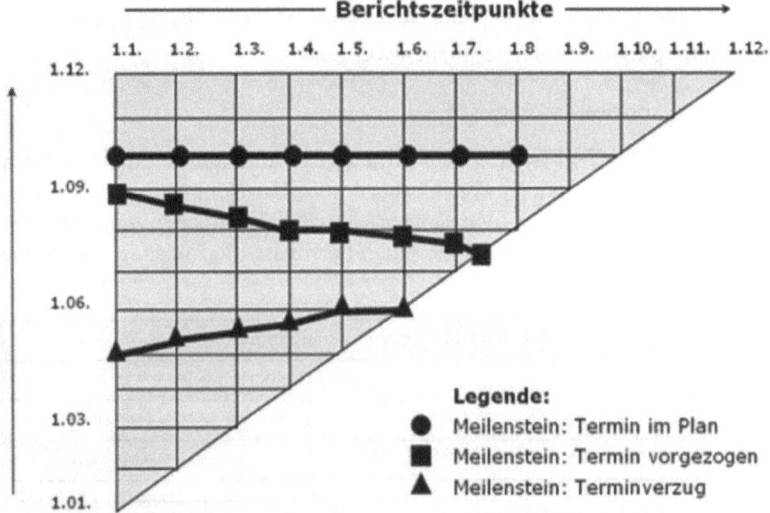

Abb. 39: Meilenstein-Trendanalyse

Quelle: https://www.business-wissen.de/res/images/img1.gif

Doch nicht alle Fortschritte sind in Zahlen messbar. Wenn es keine klaren Zwischenergebnisse oder konkrete Messdaten gibt, kann man die Dinge bestenfalls abschätzen.

Im sozialen Bereich sind viele Prozesse nicht quantifizierbar und auch nicht durch feste Meilensteine voneinander abgrenzbar. Viele Prozesse sind unscharf und entziehen sich somit den Techniken des quantitativen Controllings.

Beispielsweise müssen Sozialarbeiter oftmals über einen langen Zeitraum Prozesse begleiten und auch aushalten, ohne quantitativ messbare Ergebnisse zu erzielen. Denn erst durch das Aushalten von Situationen können bspw. Verhaltensänderungen erreicht werden, die dann aber auch in anderer Form, an anderer Stelle oder zu einem anderen Zeitpunkt erfolgen können, als es ursprünglich geplant war.

4.4.2 Qualitatives Controlling

Da Projekte in der Sozialen Arbeit oftmals komplex und nur bedingt berechen- und steuerbar sind, sollte ein qualitatives Controlling betrieben werden, das sich bspw. an den Qualitätsdimensionen der Struktur-, Prozess- und Ergebnisqualität eines Projekts orientiert.

Im qualitativen Controlling sind die folgenden Leitfragen zu beantworten:

Strukturqualität:

- In welchem strukturellen Rahmen werden die Arbeitsabläufe im Projekt gestaltet?

Prozessqualität:

- Wie laufen die Prozesse im Projekt wirklich ab?
- Wie wird mit Störungen oder Konflikten umgegangen?

Ergebnisqualität:

- Welcher „output" (Leistung) und welcher „outcome" (Wirkung) erfolgt im Sinne von überprüfbaren Ergebnissen?
- Ist das Projekt erfolgreich oder nicht?
- Welche Kriterien werden bei der Bewertung angelegt?

Zu beachten ist, dass die Ergebnisqualität mit herkömmlichen ökonomischen Kategorien kaum zu überprüfen ist, da soziale Einrichtungen und Dienste in der Regel Zuschussgeschäfte betreiben, also unrentabel oder monetär unwirtschaftlich sind. Folglich sind Wirtschaftlichkeitskriterien, die für den erwerbswirtschaftlichen Bereich entwickelt worden sind und die im klassischen ökonomischen Modell z. B. auf eine quantifizierbare Kosten-Nutzenrechnung hinauslaufen, auf „soziale Produktfelder" nur selten übertragbar. Statt des Wirtschaftlichkeitskriteriums sollte das Effizienzkriterium zum Tragen kommen, da dieses nicht monetäre Bereiche mit abdeckt. Effizienzdimensionen können Mitteleinsatz und Ergebnis oder Kosten und Leistungen sein.

Es geht darum, den „Nutzen" eines Projekts im Sinne einer Outputbewertung mit nachprüfbaren Indikatoren zu bewerten. Hierzu gehören neben gesetzlichen Kriterien auch Erfahrungswerte und Prüfinstrumente, die es erlauben, angemessene Ziele und professionelles Handeln festzulegen. Erst die Formulierung von Indikatoren und die Angabe von Quellen der Nachprüfbarkeit ermöglicht eine Effizienzanalyse, wie im folgenden Kapitel gezeigt wird.

4 Phase 3: Projekte umsetzen

Fragen zu Kapitel 4:
1. Was ist Aufgabe der Umsetzungsphase?
2. Was verstehen Sie unter Monitoring?
3. Was verstehen Sie unter Controlling?
4. Was verstehen Sie unter einem Meilenstein?

5 Phase 4: Projekte evaluieren

Evaluationen dienen dazu, die Wirksamkeit, Effizienz, Qualität und Akzeptanz des Projekts nachzuweisen und Entscheidungs- und Planungshilfen zu liefern. Es geht um eine Dokumentation und Überprüfung des Projektverlaufs und die Rechenschaftsdarlegung gegenüber dem Finanzier, aber auch gegenüber der Öffentlichkeit und der Politik. Weiterhin werden Evaluationen durchgeführt, um Defizite und Problembereiche zu lokalisieren und Strukturen zu optimieren.

Klassischerweise wird eine Evaluation anberaumt, wenn ein Projekt beendet ist. Dann enden auch alle Tätigkeiten, „die mit dem Projekt in Zusammenhang stehen" (DIN 69909-1). Konkret heißt dies, dass die

- Mitglieder des Projektteams andere Aufgaben wahrnehmen oder aber die Organisation verlassen müssen,
- installierte Gremien, wie z. B. die Steuerungsgruppe, aufgelöst werden und
- die Kostenstelle aufgelöst wird.

Spätestens jetzt gilt es zu überprüfen, ob die gesetzten Ziele erreicht wurden. Dies ist Aufgabe der **Projektabschlussevaluation**, die in einen **Projektabschlussbericht** mündet, der eine „zusammenfassende, abschließende Darstellung von Aufgaben und erzielten Ergebnissen, von Zeit-, Kosten- und Personalaufwand sowie gegebenenfalls von Hinweisen auf mögliche Anschlussprojekte" (DIN 69901-5) enthalten sollte.

Projektabschlussevaluationen sind nicht immer erwünscht. Das Projekt ist abgeschlossen, warum soll man sich jetzt noch mit einer Evaluation herumschlagen, heißt es oft. Man übersieht dabei, dass viele wertvolle Kenntnisse und Erkenntnisse nur in den Köpfen der Mitglieder des Projektteams vorhanden sind und der Organisation somit spätestens dann nicht mehr zur Verfügung stehen, wenn die entsprechenden Personen nicht mehr in der Organisation beschäftigt sind.

Doch auch zum **Abschluss bestimmter Projektphasen** oder beim Erreichen bestimmter **Meilensteine** werden Evaluationen bzw. **Projektanalysen** durchgeführt, worunter laut DIN 69901-5 eine „auf einen Stichtag bezogene Untersuchung des Projekts, deren Gegenstand, Inhalt und Ziele" verstanden wird.

Evaluationen können auf unterschiedlichen Wegen erfolgen, z. B.:

- auf der Grundlage von überprüfbaren Indikatoren,
- durch Aushandlungsprozesse im Sinne einer systemisch verstandenen Selbst- und Fremdevaluation, mit der Erstellung eines Selbstbildes durch die Institution und eines Fremdbildes durch Peers oder
- anhand von „Benchmarks", um z. B. „Best Practice"-Modelle zu lokalisieren.

Diese Techniken werden im folgenden Kapitel vorgestellt.

5.1 Benchmarking

Der Begriff „Benchmark" stammt aus dem Vermessungswesen und bezeichnet dort eine Höhenmarke im Gelände.

Im Rahmen der Projektevaluation wird unter Benchmarking die Analyse eines Projekts im Vergleich zu einem oder mehreren Wettbewerbern verstanden.

Beim Benchmarking werden tatsächlich vorhandene Projekte miteinander verglichen, mit dem Ziel, das „Best-Practice-Modell", die beste realisierte Lösung zu lokalisieren[2]. Das „Best-Practice-Modell" dient dann als Messlatte für die anderen Benchmarking-Projekte.

Entschieden wird im Vergleich zu anderen Anbietern, um das „Best-Practice-Modell" zu finden. Ob dieses oder andere Modelle die jeweiligen Anforderungen erfüllen oder sogar übererfüllen, wird nicht untersucht. Ziel des Benchmarkings ist ein Ranking. Oftmals ist es ein Problem, vergleichbare Benchmarking-Projekte zu finden, da nur wenige Organisationen bereit sind, Internes offenzulegen.

Auch mit der Methode der Selbst- und Fremdevaluation wird versucht, ein Projektranking zu erstellen, allerdings werden hier keine scharfen Kennzahlen, sondern unscharfe Selbst- und Fremdevaluationsberichte als Entscheidungsgrundlage genutzt.

5.2 Selbst- und Fremdevaluation

Externe (Fremd-) Evaluationen erfolgen durch Dritte, also durch Personen, die der Organisation nicht angehören, mit dem Ziel, durch eine Außenbetrachtung eine größere Neutralität zu sichern. Anbieter externer Evaluationen sind bspw. wissenschaftliche Institute.

Ausschließliche externe Überprüfungen sind für Organisationen Sozialer Arbeit ungeeignet, da spezifische Merkmale wie die Organisationsgeschichte, das Arbeitsklima sowie Bedürfnisse und Interessen der Mitarbeiter nach Beteiligung an der Entwicklung und der Überprüfung von Menschen und Systemen in zu geringem Maße berücksichtigt werden.

Interne (Selbst-) Evaluationen setzen bei den in der Sozialwirtschaft Tätigen oder den Nutzern der Dienstleistungen an. Es handelt sich um eine Evaluationsmethode, bei der die ausführenden Mitarbeiterinnen und Mitarbeiter den Erfolg ihrer

---

2 Diese Vergleichsanalyse erfolgt auf der Grundlage von Kennzahlensystemen. Kennzahlen umfassen Quantitäten wie Bestandsgrößen, (z. B. Plätze im Ausbildungsprojekt) oder Erfolgsgrößen (bspw. in einem Ausbildungsprojekt: Absolventen, Ausbildungsdauer, Ausbildungserfolg, Einmündung in den Arbeitsmarkt) und können als absolute Zahlen oder als Verhältniszahlen aufgelistet werden. Auch komplexe Bewertungssysteme wie z. B. die von Kaplan/Norton entwickelte Balanced Scorecard gehören in den Bereich des Benchmarkings.

Sie basiert auf Kennzahlen zu den vier Ebenen:
- Finanzen
- Kunden und Markt
- Interne Prozesse
- Lernen und Wachstum.

Arbeit selbst messen bzw. beurteilen, indem sie ihre Maßnahmen durch Ziele und Methodenwahl präzise planen und nach der Durchführung mit vorher festgelegten Beurteilungskriterien abgleichen.

Voraussetzungen für Selbstevaluation sind

- verbindliche Rahmenbedingungen,
- die Delegation von Verantwortungsbereichen von der Leitungsebene an die Beteiligten und
- die innere Bereitschaft der Beteiligten, sich mit neuen Erkenntnissen auseinanderzusetzen und daraus Veränderungen der eigenen Praxis abzuleiten.

Die Mitarbeiter müssen die Fähigkeit haben, einen kritischen Abstand zur eigenen Arbeit einzunehmen und sich sachlich und nüchtern einer Bewertung zu unterziehen. Emotionale Einflüsse und subjektive Bewertungen bleiben außen vor.

EIN SELBSTEVALUATIONSPROZESS UMFASST DIE FOLGENDEN SIEBEN SCHRITTE:

1. Gründung von kommunikationsfähigen Arbeitsgruppen
2. Problem- und Situationsanalyse
3. Zielbestimmung
4. Planung zielführender Arbeitsabläufe
5. Aufstellung von Bewertungskriterien für die Auswertung
6. Datenerhebung
7. Auswertung und Ergebnisvermittlung

Die ersten drei Schritte basieren auf den vorgestellten Methoden der Beteiligten-, Problem-/ Situationsanalyse und Zielbestimmungsmethoden. Die folgenden Schritte 4 bis 7 werden im Überblick vorgestellt.

Schritt 4: Planung zielführender Arbeitsabläufe

Um zielführende Arbeitsabläufe zu entwickeln, sollten weitere Präzisierungen der Zielbestimmungen des Projektes erfolgen, z. B. mithilfe von Fragestellungen oder durch die Formulierung von Hypothesen.

Schritt 5: Aufstellung von Bewertungskriterien

Ebenso wichtig wie die Untersuchungsfragen sind die Bewertungskriterien, die festgelegt werden, bevor mit der eigentlichen Datenerhebung begonnen wird.

Schritt 6: Datenerhebung

Zur Datenerhebung werden die Methoden der empirischen Sozialforschung genutzt (Beobachtungen, Befragungen, Inhaltsanalysen etc.). So kann bspw. das **Verhalten** der Projektbeteiligten mit der **Methode der Beobachtung** oder der **Befragung** (Fragebögen, moderierte Team- und Mitarbeiterbefragungen) evaluiert werden. **Prozesse** können mit Erhebungsbögen, gezielten Formen der Aktenauswertung, Kostenvergleichen, Zeitvergleichsstudien oder Verlaufsnotizen erfasst werden.

Schritt 7: Auswertung

Die Auswertung erfolgt im Hinblick auf die zugrunde gelegten Untersuchungsfragen.

Kombination interner und externer Evaluationen

Oftmals werden interne und externe Evaluationen miteinander kombiniert, indem z. B. die Projektverantwortlichen einen Selbstevaluationsbericht im Sinne eines Selbstbildes erstellen und diese Beschreibung durch „Ebenbürtige" bewerten lassen, also ein Fremdbild einholen.

Selbst- und Fremdbild dienen dann ggf. einer dritten Ebene als Entscheidungsgrundlage für die Einleitung von Veränderungen.

5.3 Indikatorengesteuerte Evaluation

Während beim „Benchmarking" verglichen und bei der Selbst- und Fremdevaluation bewertet wird, wird bei der indikatorengesteuerten Evaluation gemessen.

Abb. 40: *Arbeitsschritte der indikatorengesteuerten Projektevaluation (vgl. Kramer 1987, S. 66).*

5.3.1 Evaluationskriterien

Bei der indikatorengesteuerten Evaluation werden nachprüfbare Indikatoren benutzt, die quantitativer oder qualitativer Art sein können.

Genauso wichtig wie die Festlegung der Indikatoren ist die Angabe der Quelle der Nachprüfbarkeit (vgl. Kap. 5.3.3). Denn ein Indikator ist nur dann aussagekräftig, wenn er auch überprüfbar ist.

5.3.2 Nachprüfbare Indikatoren

Nachprüfbare Indikatoren legen den Anspruch, der an die Zielerreichung eines bestimmten Zieles gestellt wird, fest.

Sie geben an, woran man erkennen kann, ob ein Grundsatzziel, ein Rahmenziel oder ein Ergebnisziel erreicht wurde.

Sie machen Aussagen über die

- Quantität (wie viel?)
- Qualität (wie gut?)
- Zeit (wann?)
- Region (wo?)

der Zielerreichung,

Ein Beispiel aus dem Jugendamt Braunschweig zeigt, wie die Indikatoren einer Evaluation festgelegt werden können. Projektziel war die Verkürzung der Wartezeit von Klienten im Jugendamt. Bei der Evaluation waren die Indikatoren Quantität und Qualität entscheidend, denn die Qualität sollte durch die Veränderungen keine Einbußen erleiden und musste daher mitbetrachtet werden. (Vgl. Kap. 2).

1. Schritt:	Indikatoren bestimmen
Indikator Quantität:	Wartezeit der Klienten um 50% gesenkt
Indikator Qualität:	... bei gleicher Beratungsqualität
Zeitrahmen:	zwischen Oktober 2017 und Oktober 2018
Region:	Jugendamt Braunschweig

<u>Indikator</u>: Verkürzung der Wartezeit im Zeitraum Oktober 2017 bis Oktober 2018 um 50% bei gleicher Beratungsqualität im Jugendamt Braunschweig

5.3.3 Quellen der Nachprüfbarkeit

Quellen der Nachprüfbarkeit belegen, dass ein Ziel erreicht wurde, oder verifizieren einen Indikator.

Wichtige Fragen:

- Existieren geeignete Quellen? (Statistiken, Beobachtungen, Aufzeichnungen)
- Wie verlässlich sind die Quellen?
- Ist eine weitere Datensammlung erforderlich? (Kosten der Aktivität)
- Muss evtl. eine Quelle neu geschaffen werden?
- Wenn man für einen Indikator keine Quelle findet, muss er verändert werden!

Tabellarische Visualisierung der Evaluationskriterien

Ziele, Evaluationskriterien, Quellen der Nachprüfbarkeit und Annahmen werden in einer Projektplanungsübersicht zusammengefasst.

	Nachprüfbare Indikatoren	Quellen der Nachprüfbarkeit	Annahmen
Grundsatzziel (normative Ebene)			
Rahmenziel (strategische Ebene)			
Ergebnisziel (operative Ebene)			
Maßnahmen			

Tabelle 45: Matrix einer Projektplanungsübersicht

Die Tabelle fasst beispielhaft zusammen,

warum	das Projekt angestrebt wird,
was	das Projekt erreichen will,
wie	das Projekt die Ergebnisse erzielen will,
welche	externen Faktoren für den Projekterfolg wichtig sind,
wodurch	man den Projekterfolg messen kann,
wo	man die Daten findet, um das Projekt zu evaluieren,
was	das Projekt kosten wird.

Zusammenfassende Beschreibung	Objektiv nachprüfbare Indikatoren	Quellen für die Nachprüfbarkeit	Wichtige Annahmen
Grundsatzziel, zu dem das Projekt einen Beitrag leistet:	Indikatoren zur Erreichung des Grundsatzziels:	Für die Erreichung des Grundsatzziels:	Für die Erreichung des Grundsatzziels:
Lebenssituation bisher ausgegrenzter Jugendlicher ist verbessert.	80% der erfolgreich abgeschlossenen Teilnehmer finden eine Beschäftigung. Kriminalitätsrate der erfolgreich abgeschlossenen Teilnehmer liegt unter 5%.	sozialwissenschaftliche Begleituntersuchung	Staatliche Politik hinsichtlich der Förderung benachteiligter Gruppen bleibt im bisherigen Rahmen. Arbeitsmarkt verschlechtert sich nicht tendenziell.
Rahmenziel:	Indikatoren, die die erfolgreiche Rahmenzielerfüllung belegen:	Für die Erreichung des Rahmenziels:	Für die Erreichung des Rahmenziels:
Modellversuch zur beruflichen Qualifikation ausgegrenzter junger Erwachsener ist abgeschlossen.	Mind. 60% der Teilnehmer führen die Maßnahme bis zum Ende durch. Mind. 50% der gemeldeten Teilnehmer bestehen die Prüfung. Höchstens 25 Krankentage pro Teilnehmer.	Personalbogen, Prüfungsstatistik der IHK/HK	Motivation der Zielgruppe verschiebt sich nicht wesentlich.

5 Phase 4: Projekte evaluieren

Zusammenfassende Beschreibung	Objektiv nachprüfbare Indikatoren	Quellen für die Nachprüfbarkeit	Wichtige Annahmen
Ergebnisziele: E 1: Die Finanzierung der Durchführung der Maßnahme ist gesichert. E 2: Die Curricula sind erstellt.	Indikatoren, die die Herbeiführung der Ergebnisse belegen: 1.1 Kostenplan ist am ... erstellt. 1.2 Bewilligungsbescheide liegen zu Projektbeginn für den gesamten Zeitraum vor. 2. Fünf Curricula für die fachspezifischen Ausbildungen von ... liegen vor. 15 Modulbeschreibungen für ... liegen vor.	Für die Erreichung der Ergebnisziele: 1.1 Projektakten 1.2 Budgets der finanzierenden Organisation 2. Projektakten	Für die Erreichung der Ergebnisziele: zu 1. Kreditwürdigkeit bei Banken ist gegeben. Erfahrungen anderer Projekte können genutzt werden. zu 2. Kooperationspartner verfügen über entsprechende Infos und Fachstruktur.

Tabelle 46: Ausschnitt aus einer Projektplanungsübersicht (BBJ 1992, S. 27).

Beurteilungen und Entscheidungen werden von den Auftraggebern eines Projekts durchgeführt. Wenn die Ergebnisse sozialer Projekte nur bedingt messbar und somit keine eindeutigen Entscheidungsgrundlagen vorhanden sind, müssen Techniken des Vergleichs genutzt werden, wie z. B. das „Benchmarking" und die Technik der Selbst- und Fremdevaluation.

Fragen zu Kapitel 5

1. Was ist Aufgabe der Projektabschlussevaluation?
2. Was verstehen Sie unter Benchmarking?
3. Was verstehen Sie unter dem Ansatz der Selbst- und Fremdevaluation?
4. Was verstehen Sie unter einem objektiven, nachprüfbaren Indikator?
5. Was verstehen Sie unter einer Quelle der Nachprüfbarkeit?

6 Fazit

Die vorgestellten Techniken und Methoden des Projektmanagements sollen zum aktiven Handeln ermutigen. Gleichzeitig aber sind die vorgestellten Handlungsansätze teilweise sehr ressourcenintensiv. Daher muss immer der situative Kontext beachtet werden, in dem die vorgestellten Techniken zur Anwendung kommen. Stehen Aufwand und Ertrag des angewandten Projektmanagements in einem ausgewogenen Verhältnis zueinander? – so könnte die Leitfrage für Ihr Projekthandeln lauten.

Jede Form von Management benötigt Zeit und Energie. Man sollte sich hüten, in ein Diagnose-, Planungs- und Evaluationsfieber zu verfallen. Denn das, was Sie hier an Zeit und Energie investieren, fehlt Ihnen bei der Umsetzung. Doch genau dies ist zurzeit in vielen Organisationen des sozialen Sektors der Fall, die vor lauter Analyse, Evaluation, Qualitätssicherung und Organisationsentwicklung nicht mehr zu ihrer eigentlichen Arbeit kommen, nämlich Hilfe für Menschen in Not bereitzustellen.

Sicherlich müssen Situationen diagnostiziert und Projekte evaluiert werden. Doch ist das rechte Maß zu beachten! Es sollte mit Stichproben statt mit Vollerhebungen gearbeitet werden. Die Frage darf nicht lauten: Was können wir alles erfassen, sondern: Was müssen wir unbedingt erfassen?

Beachten Sie bitte:

Es ist falsch, mehr Informationen zu sammeln und auszuwerten, als man tatsächlich braucht, da Aufwand und Nutzen in einem schlechten Verhältnis zueinanderstehen, aber auch deshalb, weil solche Übertreibungen psychologische Schäden anrichten und die Motivation ruinieren. Sie werden als Beschnüffelung empfunden.

Weiterhin ist zu beachten, dass oft mit quantitativen Techniken gearbeitet wird, die ihre Ursprünge im naturwissenschaftlichen Denken haben. Es wird gemessen und verglichen, um zu objektiven Urteilen zu gelangen. Doch gerade im sozialpädagogischen Kontext, wo viele Handlungen auf Erfahrungswissen beruhen, sind diese nicht eindeutig messbar.

Wenn die Rahmenbedingungen und Ergebnisse sozialer Projekte nur bedingt messbar und somit keine eindeutigen Entscheidungsgrundlagen vorhanden sind, müssen Techniken des Vergleichs genutzt werden, wie z. B. das „Benchmarking" und die Technik der Selbst- und Fremdevaluation.

Beachten Sie bitte: Manchmal haben nicht diejenigen einen Vorsprung, die ihre Projekte detailliert planen, sondern diejenigen, die handeln.

Ich möchte dies am Beispiel von zwei Ölkonzernen verdeutlichen. Der eine versucht herauszubekommen, warum der andere Konzern mehr Öl fördert. Liegt es an den besseren Geologen, dem besseren Management oder dem besseren Equipment?

6 Fazit

Das Ergebnis ist banal: Der andere Konzern bohrt einfach häufiger und findet dadurch auch häufiger Öl.

Erfolge entstehen dadurch, dass gehandelt wird.

Hierfür gibt es keine Rezepte, sondern nur die Bereitschaft, wohlkalkulierte Risiken einzugehen, sich gewissenhaft auf Aufgaben vorzubereiten, sich ihnen zu stellen, die Reaktionen des eigenen Handelns zu beobachten und die eigenen Verhaltensweisen entsprechend anzupassen, d. h. aus Fehlern zu lernen.

7 Literatur

Antes, W.: Projektarbeit für Profis: Praxisbuch für moderne Projektarbeit, 3. durchgesehene Auflage, Weinheim 2014.
BBJ: BBJ Consult Info: Ausgabe I, Zielorientierte Projektplanung im sozialen Bereich, Berlin 1992.
Baecker, D.: Postheroisches Management, Ein Vademecum, Berlin 1994.
Birker, K.: Praktische Betriebswirtschaft: Projektmanagement, 3. Erw. und überarb. Auflage, Berlin 2003.
Boy, J., Dudek, Chr., Kuschel, S. (Hrsg.): Projektmanagement: Grundlagen, Methoden und Techniken, Zusammenhänge, 11. Auflage, Offenbach 2003.
Conen, H.: Die Kunst mit Menschen umzugehen, München 2003.
Deutscher Verein für öffentliche und private Fürsorge (Hrsg.): Fachlexikon der Sozialen Arbeit, 8. völlig überarbeitete und aktualisierte Auflage, Baden-Baden 2017.
Deutsches Institut für Normung e.V. (DIN) (Hrsg.): Begriffe der Projektwirtschaft, Berlin/Köln 1989.
Deutsches Institut für Normung e. V. (DIN) (Hrsg.): Projektmanagement DIN 69901, Berlin/Köln 2009.
Diakonische Akademie Deutschland (a): Zielorientiertes Handeln, (unveröffentlichtes Skript im Lehrgang Management in sozialen Organisationen), Berlin 2003.
Diakonische Akademie Deutschland (b): Methoden der ganzheitlichen Problemlösung (unveröffentlichtes Skript im Lehrgang Management in sozialen Organisationen), Berlin 2003.
Gairing, F.: Organisationsentwicklung als Lernprozess von Menschen und Systemen. Zur Rekonstruktion eines Forschungs- und Beratungsansatzes und seiner metadidaktischen Relevanz, 4. neu ausgestattete Aufl., Weinheim 2008.
Gomez, P., Probst, G.J.B.: Problemlösung-, Zielsetzungs- und Entscheidungssystematik in der Führungspraxis in: Schweizer Volksbank (Hrsg.), Die Orientierung Nr. 90, Bern 1987.
Haunerdinger, M., Probst, H.-J.: Projektmanagement leicht gemacht. Projekte erfolgreich planen, steuern und abschließen. 4. Auflage, München 2012.
Kolhoff, L.: Aktionsforschung zur Organisationsentwicklung der offenen Jugendarbeit im Wolfsburger Modellprojekt, in: Kolhoff, L. (Hrsg).: Entwicklung der offenen Jugendarbeit in Wolfsburg, 1. Auflage, VS Verlag für Sozialwissenschaften, Wiesbaden 2005, S. 48–82.
Kolhoff, L.: Finanzierung der Sozialwirtschaft – Eine Einführung, 2. vollständig überarbeitete Auflage, Springer VS, Wiesbaden 2017.
Kolhoff, L.: Existenzgründung in der Sozialwirtschaft – Eine Einführung, 3. Auflage, Springer VS, Wiesbaden 2020.
Kramer, F.: Problemlösungs-, Zielsetzungs- und Entscheidungssystematik in der Führungspraxis, in: Schweizer Volksbank, Die Orientierung Nr. 90, Bern 1987.
Litke, H.D., Kunow, I., Schulz-Wimmer, H.: Projektmanagement, 4. Auflage, Freiburg 2018.
Malik, F.: Führen, Leisten, Leben, Wirksames Management für eine neue Welt, durchgesehene und erweiterte Neuausgabe, Frankfurt 2019.
Müller-Schöll, A., Priepke, M.: Sozialmanagement, 3. Auflage, Neuwied, Kriftel, Berlin 1992.
Oltmann, I.: Projektmanagement, Reinbek bei Hamburg 1999.
Reichard, C.: Betriebswirtschaftslehre der öffentlichen Verwaltung, 2. Auflage, Berlin/Bosten, 1992.
Schlicksupp, H.; Berger, H.-S.: Methoden zur Ideenfindung für innovative Problemlösungen. Folien-Programm 1, Offenbach/Frankfurt 1979.

7 Literatur

Schweizer Volksbank (Hrsg.): Die Orientierung Nr. 90, Problemlösungs-, Zielsetzungs- und Entscheidungssystematik in der Führungspraxis, Bern 1987.

Staehle, W.H., (überarbeitet von Conrad, P.; Sydow, J.): Management: eine verhaltenswissenschaftliche Perspektive, 8. Aufl., München 2014.

Vester, F.: Ballungsgebiete in der Krise, 4. Auflage, München 1992.

Vester, F.: Unsere Welt – ein vernetztes System, 11. Auflage München 2002.

Zielasek, G.: Projektmanagement als Führungskonzept: erfolgreich durch Aktivierung aller Unternehmensebenen, Berlin 1999.

8 Antworten zu den im Text gestellten Fragen

Antworten zu den Fragen zu Kapitel 1:

1. Ein Projekt ist nach DIN 69901 ein Vorhaben, das durch die Einmaligkeit der Bedingungen wie z. B. durch Zielvorgaben und Begrenzungen gekennzeichnet ist.
2. Ein Projektteam setzt sich aus internen und externen Mitarbeitern zusammen. Zum Projektteam gehören neben dem Projektmanagement verantwortliche, zuständige und zeitweilige Beteiligte.
3. Das Projektmanagement muss auf der politischen, der administrativen und der operativen Ebene agieren.
4. Ein Projektmanager sollte Diagnose-, Planungs-, Umsetzungs- und Evaluationstechniken beherrschen.

Antworten zu den Fragen zu Kapitel 2:

1. Mit der Beteiligten-/Stakeholder-Analyse werden die Betroffenen/Beteiligten an einem Projekt lokalisiert. Des Weiteren werden ihre Interessen und Erwartungen erfasst.
2. In der Situationsanalyse werden die gesellschaftlichen und wirtschaftlichen Rahmenbedingungen auf der Makroebene, Spezifika der jeweiligen Organisation auf der Mesoebene und Rahmenbedingungen, die die Arbeit mit den Klienten betreffen, auf der Mikroebene analysiert.
3. Ein Problem kann als Diskrepanz zwischen einem befriedigenden und einem unbefriedigenden Zustand definiert werden oder als real existierender negativer Zustand.
4. Bei der Problemstrukturierung im Team werden schlecht strukturierte Probleme untersucht und weiter strukturiert.
5. Im Rahmen kausaler Problemanalysetechniken werden Ursache-Wirkungs-Zusammenhänge hergestellt.
6. In der Sozialwirtschaft sind Ursache-Wirkungs-Zusammenhänge oftmals nicht klar analysierbar, da viele Faktoren in einem komplexen Gefüge zusammenwirken.
7. Ein System besteht aus Elementen, den Beziehungen zwischen den Elementen und der System-Umwelt-Relation.
8. Im Rahmen der Kräftefeldanalyse werden die Interaktionen zwischen den Elementen eines Systems untersucht. Ziel ist es, die Elemente so zu beeinflussen, dass ein vorher festgelegtes Ziel erreichbar ist.
9. Mit der Systemanalyse nach Vester ist es möglich, aktive, passive, kritische und puffernde Elemente zu lokalisieren, um ein gezieltes Handeln zu ermöglichen.

Antworten zu den Fragen zu Kapitel 3:

1. Das Ziel gibt an, was man erreichen will, wohin man will und welchen Endzustand man anstrebt. Die Maßnahme ist der Weg zum Ziel, d. h. sie gibt an,

wie man das Ziel erreicht, welche Unterstützung man braucht und was man tun muss, um das Ziel zu erreichen.
2. Unter Reframing versteht man, einem Problem einen neuen Rahmen zu geben und Wahrnehmungsperspektiven zu verändern, um somit neue Herangehensweisen und Lösungsmöglichkeiten entwickeln zu können.
3. Durch die Zerlegung in Teilziele können komplexe Projekte strukturiert und zielgenau bearbeitet werden.
4. Grundsatz-, Rahmen- und Ergebnisziele können als Zielpyramide visualisiert werden. Ein Grundsatzziel ist dann erreicht, wenn die Rahmenziele erreicht sind. Die Rahmenziele sind dann erreicht, wenn die jeweiligen Ergebnisziele erreicht werden.
5. Eine einfache Bewertungsmethode ist die Punktebewertung. Hier werden Punkte nach bestimmten Kriterien vergeben. Die Rangfolge des jeweiligen Ziels ergibt sich aus der Anzahl der Punkte. Bei der Matrixbewertung wird ähnlich verfahren. Allerdings werden die Ziele miteinander nach unterschiedlichen Kriterien und Gewichtungen verglichen.
6. Ziel der Machbarkeitsprüfung ist es, festzustellen, ob ein Projektziel realistisch ist.
7. Bei beiden Techniken werden in einem ersten Schritt Ideen gesammelt, die in einem zweiten Schritt bewertet werden.
8. Das Gesamtprojekt wird in Teilaufgaben gegliedert. Der Projektstrukturplan ist hierarchisch aufgebaut.
9. Ein Arbeitspaket ist die unterste Planungsebene, die nicht weiter aufgegliedert wird.
10. Ein Projektstrukturplan kann sich an Arbeitsinhalten, Teilprojekten, Arbeitspaketen, Verantwortungs- und Entscheidungsstrukturen oder an Ressourcen orientieren.
11. Der Projektablaufplan dokumentiert die logische und/oder zeitliche Planung eines Projekts. Er kann als Balkendiagramm, Handlungsplan oder als Netzplan ausgeführt werden.
12. Im Balkendiagramm werden Soll- und Ist-Daten personen- oder aufgabenbezogen in Form eines „Balkens" nebeneinander aufgelistet. Somit wird auf einen Blick deutlich, ob das Projekt im Rahmen der Planung liegt oder nicht.
13. Im Rahmen des Handlungsplans wird der zeitliche Ablauf eines Projekts visualisiert.
14. Mit der Netzplantechnik werden Ereignisse, Vorgänge und Anordnungsbeziehungen als Flussdiagramm dargestellt. Netzpläne können als Ereignisknotennetzplan, als Vorgangsknotennetzplan, als Vorgangspfeilnetzplan oder als Entscheidungsknotennetzplan aufgestellt werden. Der Erstellung eines Netzplanes geht eine Analysephase voraus, in der im Rahmen der Strukturanalyse Vorgänge aufgelistet und Abhängigkeiten zwischen den Vorgängen ermittelt werden. Das Ergebnis ist ein provisorischer Strukturplan. In einem zweiten Schritt erfolgt in der Zeitanalyse eine Berücksichtigung der zeitlichen Dauer der jeweiligen Vorgänge. Pufferzeiten werden mit eingeplant, um im Rahmen

der Netzplanerstellung den sogenannten kritischen Weg zu ermitteln. Hierunter wird der Weg durch einen Netzplan bezeichnet, in dem die Pufferzeiten minimal sind.
15. Im Rahmen der Kapazitäts- und Kostenplanung werden die benötigten Ressourcen (Personal, Sachmittel und Räume) und die entsprechenden Kosten dieser Ressourcen aufgelistet. Diese werden in einem ersten Schritt den jeweiligen Arbeitspaketen, in einem zweiten Schritt den Teilprojekten und in einem dritten Schritt dem Gesamtprojekt zugeordnet.

Antworten zu den Fragen zu Kapitel 4:

1. In der Umsetzungsphase werden Projekte eingeleitet und überwacht. Ziel der Umsetzungsphase ist es, Projekte möglichst plangerecht durchzuführen.
2. Mit Monitoring wird die Projektbegleitung oder -beobachtung bezeichnet. Ziel des Monitorings ist es, am Projekt „dran zu bleiben", Veränderungen zu registrieren und zu handeln.
3. Während das Monitoring sehr stark aktuelle Geschehnissen und Verhaltensweisen im Blick hat, orientiert sich das Controlling stärker an der Einhaltung von Planziffern und Planzahlen. Es geht darum, Ist-Daten zu erfassen und auf dem Hintergrund der Soll-Daten der Planung im Sinne eines Soll-Ist-Abgleichs Unterschiede wahrzunehmen, um dann ggf. Gegenmaßnahmen einzuleiten und zu überwachen.
4. Ein Meilenstein definiert die Zwischenetappen eines Projekts. So kann der Beginn oder Anfang einer neuen Projektphase ein Meilenstein sein.

Antworten zu den Fragen zu Kapitel 5:

1. Die Projektabschlussevaluation dient der zusammenfassenden abschließenden Darstellung von Aufgaben und erzielten Ergebnissen und des Zeit-, Kosten- und Personalaufwandes.
2. Mit objektiv nachprüfbaren Indikatoren wird angegeben, ob Ziele erreicht wurden. Objektiv nachprüfbare Indikatoren können quantitativer oder qualitativer Art sein.
3. Eine Quelle der Nachprüfbarkeit gibt an, wo man den Nachweis findet, dass ein Ziel erreicht wurde.
4. Unter Benchmarking versteht man den Vergleich eines Projekts mit anderen Projekten. Ziel des Benchmarkings ist die Erstellung eines Rankings, um sogenannte Best-Practice-Modelle lokalisieren zu können.
5. Im Rahmen der Selbst- und Fremdevaluation geht es um die Erstellung eines Selbstbildes, das dann im „peer review" gespiegelt wird. Auf der Grundlage der Selbst- und Fremdbilder bieten sich Möglichkeiten der Entscheidung.

9 Autor

Prof. Dr. Ludger Kolhoff, Jahrgang 1957, studierte Pädagogik, Elektrotechnik und Politikwissenschaft in Berlin, arbeitete als Studienrat an einer Berufsschule mit sonderpädagogischen Aufgaben und war daneben als Aufsichtsrats- und Fachbeiratsvorsitzender eines Sanierungs-, Beschäftigungs- und Qualifizierungsträgers in Berlin tätig. Nach Geschäftsführertätigkeiten für einen gemeinnützigen Verein (Mitglied des Diakonischen Werkes), einer Beratungsgesellschaft des Paritätischen Wohlfahrtsverbandes sowie einer Berliner Stadtentwicklungsgesellschaft ist er seit 1993 Professor an der Fakultät Soziale Arbeit der Ostfalia Hochschule für angewandte Wissenschaften, Hochschule Braunschweig/Wolfenbüttel. Sein Lehrgebiet ist Soziales Management mit den Aufgabenschwerpunkten Organisation, Finanzierung, Existenzgründung, Personalwesen und Organisationsentwicklung in sozialen Einrichtungen.

Prof. Dr. Ludger Kolhoff leitet seit 2001 den ersten in Deutschland akkreditierten Studiengang zum „Master of Social Management" an der Ostfalia Hochschule für angewandte Wissenschaften. Er ist Vorsitzender der Bundesarbeitsgemeinschaft Sozialmanagement/Sozialwirtschaft an Hochschulen e.V.

Stichwortverzeichnis

Die Angaben verweisen auf die Seitenzahlen des Buches.

Anfangs- und Endzeitpunkt 14
Arten des Risikos 65
Auftaktveranstaltung 107
Auftragserledigung 12, 25
Benchmarking 12, 118, 120, 124, 125, 131
Checklistentechnik 32, 36
Controlling 23, 60, 112, 113, 115, 116, 131
Evaluation 12, 22, 59, 60, 98, 117, 120–122, 125
externe Evaluationen 120
Finanzierungsebene 14, 18
Indikatoren 60, 112, 115, 117, 121–124, 131
Indikatorengesteuerte Evaluation 120
Kriterien 11, 12, 25, 35, 36, 38, 66, 78, 79, 83–85, 88, 101, 104, 113, 115, 130
Leistungsergebnis 38
Meilenstein 90, 98, 99, 114, 116, 131
Monitoring 23, 60, 110, 112, 116, 131
Netzplan 90, 93, 97–99, 130, 131
Organisationsebene 14
Partizipatives Verfahren 62, 66

Personalebene 14, 18
Phasen des Projektmanagements 22, 23
Planung 12, 20, 22, 25, 28, 49, 50, 55, 59, 60, 74, 85, 87, 89, 101, 113, 119, 130, 131
Problemanalysetechniken 42, 43, 48, 55, 57, 129
Projektarten 12
Projektdefinition 11
Projektleitung 20, 21, 24, 30
Projektphasen 12, 19, 117
Projektstatusbericht 111
Projektstrukturierung 59
Projektstrukturplan 85, 86, 88, 89, 130
Projektumsetzung 108, 112
Rad der Partner 29
Selbstevaluation 119
Situationsanalyse 22, 25, 31–33, 36, 38, 39, 57, 119, 129
Stabprojektorganisation 15
Stakeholderanalyse 25–29
Strategische Projektplanung 61
Strukturanalyse 95, 100, 130
Ziel-Mittel-Leitern 62, 65
Zielbewertung 62, 78

Bereits erschienen in der Reihe
STUDIENKURS SOZIALWIRTSCHAFT (ab 2019)

Sozialinformatik
Digitaler Wandel und IT-Einsatz in sozialen Organisationen
Von Prof. Helmut Kreidenweis
3., vollständig überarbeitete Auflage 2020, 275 S., Broschiert,
ISBN 978-3-8487-5665-0

Grundlagen des Managements in der Sozialwirtschaft
Von Prof. i.R. Dr. Armin Wöhrle, Prof. Dr. Reinhilde Beck, Prof. Dr. Klaus Grunwald, Dr. Klaus Schellberg, Prof. em. Dr. Gotthart Schwarz und Prof. Dr. Wolf Rainer Wendt
3., unveränderte Auflage 2019, 240 S., brosch., 24,90 €,
ISBN 978-3-8487-4989-8

Organisationsentwicklung – Change Management
Von Prof. Dr. Armin Wöhrle, Prof. Dr. Reinhilde Beck, Prof. Dr. Paul Brandl, Karsten Funke-Steinberg, Prof. Dr. Urs Kaegi, Dominik Schenker und Prof. Dr. Peter Zängl
2019, 332 S., brosch., 24,90 €, ISBN 978-3-8487-4457-2

Personalmanagement – Personalentwicklung
Von Prof. Dr. Armin Wöhrle, Peggy Gruna, Prof. Dr. Ludger Kolhoff, Prof. Dr. Georg Kortendieck, Prof. Dr. Brigitta Nöbauer, Prof. Dr. Andrea Tabatt-Hirschfeldt und Dr. Raik Zillmann
2019, 238 S., brosch., 24,90 €, ISBN 978-3-8487-4339-1